Das FOODie-HANDBUCH

Der (fast) perfekte Begleiter für GernEsser

LIBERTÉ D'EXPRESSION POUR TOUS
J'AIME LES HOMMES AVEC

Das FOODie-HANDBUCH

Der (fast) perfekte Begleiter für GernEsser

Pim Techamuanvivit

Farbfotos Pim Techamuanvivit
s/w Fotos Jenny Acheson

CHRISTIAN VERLAG

Crystal
Plastic Food
Sweet and Crispy
BOW TIES
Veggie

Wie man die Liebe zum Essen (neu) entdeckt

Die wichtigsten Beziehungen in unserem Leben sind oft ungemein kompliziert. Denken Sie nur an Ihr Verhältnis zu Ihrer Mutter, an das zu Ihrem derzeitigen Lebensabschnittsgefährten oder an das vielleicht verzwickteste: das zum Essen. Alle drei Beziehungen sind oft mit Liebe, Hass, Freude, Angst, Vertrauen, Misstrauen und einer ganzen Reihe weiterer Emotionen befrachtet. Manchmal reicht es einem einfach und man wünscht sich insgeheim, man wäre verwaist, wieder Single oder, noch schlimmer, Veganer.

Unser verkorkstes Verhältnis zum Essen drückt sich schon in unserer Wortwahl aus: Ein Schokoladenkuchen ist dekadent und sündhaft köstlich, Fotos von Speisen, die uns in Wahrheit das Wasser im Munde zusammenlaufen lassen, sind Food Porn, einfache Gerichte, die viele über alles lieben, werden als Trostfutter abgetan, während komplizierte Kreationen aus exquisiten Zutaten als prätentiös oder elitär gelten – und mit einem spöttischen Lächeln (das denen gilt, die solcher Genüsse nicht würdig sind) und womöglich noch mit dem abgespreizten kleinen Finger verspeist werden. Es scheint fast unmöglich, sich zum Thema Essen zu äußern, ohne nicht auf der Stelle von einem Anfall von Reue überkommen zu werden und das Gefühl zu haben, sich für so etwas wie ein Vergehen entschuldigen zu müssen, sei es nun ein echtes oder ein eingebildetes. Kein Wunder, dass Essen für so viele zu einem hoffnungslos verlorenen Kampf geworden ist.

Das kommt oft schon in den Kochrezepten zum Ausdruck. Einerseits gaukeln Rezepte für die ultraschnelle Küche mit all ihren Tricks und Kniffen der Hausfrau vor, sie vom schweren Joch des Kochens für sich und ihre Familie zu befreien. Wasser hinzufügen und fertig – alles Weitere erledigt der Kochautomat! Andererseits halten uns die Befürworter „echten Essens“ dazu an, alles so langsam und so kompliziert (und oft auch so kostspielig) wie möglich zuzubereiten, als würden die täglichen Anforderungen unseres temporeichen Lebens überhaupt nicht zählen.

Bei alldem kann einem die natürliche Liebe zum Essen leicht abhanden kommen, dieses Glücksgefühl, das einen jäh überkommt, wenn einem eine wahre Köstlichkeit auf der Zunge zergeht. Sie können sich doch sicher noch an so einen Moment erinnern? Vielleicht an damals, als Sie acht Jahre alt waren und an einem heißen Sommernachmittag selbstvergessen in der Nähe einer Eisbude im Park standen und hingebungsvoll die kühle Köstlichkeit aus einer Waffel schleckten. Das Schokoladeneis war wahrscheinlich schon halb geschmolzen und tropfte

Ihnen den Arm hinunter Richtung Ellenbogen, aber das hat Sie nicht weiter gekümmert. Damals, als Ihre Liebe zum Essen die reine Lust am Genuss war, widmeten Sie sich voll und ganz der süßen, cremigen, schokoladigen Köstlichkeit. Das war lange, bevor Sie überhaupt wussten, was das Wort Genuss bedeutet, aber Sie gaben sich diesem Genuss einfach hin, und die Freude, die Ihnen ein einfaches Eis beschert hatte, wurde noch nicht durch die Sorge um die schlanke Linie oder die Angst vor dubiosen chemischen Zusatzstoffen getrübt. Wünschen Sie sich nicht auch manchmal, Ihr Verhältnis zum Essen wäre noch so unkompliziert wie in Ihrer Kindheit?

Nennen Sie mich ruhig eine Träumerin, aber ich bin sicher, wir können dahin zurück. Wie in anderen Beziehungen im Leben zahlt es sich manchmal aus, gewisse Probleme beiseitezuschieben und uns auf das zu konzentrieren, was uns glücklich macht. Das lässt die Probleme zwar nicht verschwinden, aber es könnte helfen, das Leben etwas mehr zu genießen. Es könnte sogar dabei helfen, einige dieser Probleme zu lösen. So könnten wir mit dem Thema Ernährung realistisch umgehen, anstatt permanent ein Ideal anzustreben, und im Notfall auch ruhig einmal in die Trickkiste greifen, ohne uns gleich als erbärmliche Schummler zu fühlen. Etwas Exquisites genießen, ohne uns dafür zu entschuldigen. Oder über eine verantwortungsbewusste Ernährung nachdenken – zum Wohle unseres Körpers und des Planeten, auf dem wir leben –, ohne diese Gedanken zur Obsession werden zu lassen, sodass wir hin und wieder auch unbeschwert in einen Schokoriegel beißen können.

In diesem Buch möchte ich über Essen schreiben, das man mit Freude verspeist, und Anregungen geben, wie man sich besser und mit Genuss ernähren kann. **Wer ein richtiger Foodie werden will, muss zunächst seine Liebe zum Essen neu entdecken. Sie ist doch noch da, oder? Geben Sie ihr eine Chance!**

1 Essen wie ein Foodie

Schmecken wie ein Foodie

Unverbesserliche Optimisten glauben, dass jedem Menschen Herzensgüte angeboren ist. Ich bin ein Foodie-Optimist. Ich glaube daran, dass jeder Mensch mit einem guten Geschmackssinn auf die Welt kommt, als geborener Foodie, wenn Sie so wollen. Geben Sie jemandem einen am Baum gut ausgereiften Pfirsich oder eine andere wirklich sonnengereifte Frucht und er wird deren Qualität erkennen, wenn er sich die Zeit nimmt, sie bewusst zu genießen.

Eine Schachtel frittierter Hähnchennuggets im Backteig verdeutlicht, was heute mit unserer Ernährung nicht stimmt. Allein der Eiweißgehalt ist fragwürdiger Herkunft: Wo genau am Hähnchen sitzt eigentlich ein Nugget? Gibt es Ihnen nicht zu denken, dass unzählige Dinge nach Hähnchen schmecken, nur ausgerechnet diese allgegenwärtigen Nuggets nicht? Darüber hilft auch die Auswahl der widerlich süßen Saucen nicht hinweg, die nach nichts als Zucker, Salz und künstlichen Aromen schmecken und von denen niemand so genau weiß, woher sie ursprünglich stammen.

Dass wir uns nicht missverstehen: Junkfood schmeckt nicht unbedingt schlecht. Die Speisen werden exakt so konzipiert – man möchte fast sagen: entworfen –, dass sie einen uralten Instinkt in uns ansprechen: den Bedarf an Fett und Zucker als effiziente Energiespender und an Kochsalz, einem für den menschlichen Organismus lebenswichtigen Mineralstoff. Manche Leute finden, Junkfood schmecke irgendwie gut. Ich vermute, dabei handelt es sich um dieselben, die glauben, ein Jogginganzug sei die passende Freizeitbekleidung.

Wir dürfen uns nicht weiter einreden lassen, dass Junkfood gut ist; unsere Gehirne werden manipuliert, bis sie überzeugt sind, dass solche Mahlzeiten unserem Körper geben, was er braucht. Es ist höchste Zeit, wieder den Geschmack von echtem Essen zu kosten, die reiche, vielfältige Welt der natürlichen Aromen zu erkunden und unsere Geschmacksknospen zu befreien. Es wird Zeit, unseren angeborenen Foodie rauszulassen.

Aromareiche, geschmacksintensive Speisen sind nicht unbedingt schwer zuzubereiten. Hier sind drei wunderbar einfache Rezepte, die das ausgeprägte Aroma jeder einzelnen Zutat zur Geltung bringen. Im Unterschied zu industriell hergestellter Kost mit ihrem kaum definierbaren Einheitsgeschmack weiß man hier genau, was man auf dem Teller hat. Sie werden staunen über die köstliche Vielfalt, die mit diesen vermeintlich simplen Zutaten und Aromen erreicht werden kann. Probieren Sie die Rezepte aus. Probieren Sie wie ein Foodie.

Erdbeeren in Hibiskus-Vanille-Sirup

Nach einem Rezept von Alain Passard (siehe Foto Seite 6)

Dieses Dessert wird in Alain Passards Pariser Drei-Sterne-Restaurant „L'Arpège" serviert. Die Zusammenstellung der Aromen ist so einzigartig, dass Sie Ihnen vielleicht suspekt erscheint – bis Sie sie gekostet haben! Anstatt sich zu vermischen, bewahrt hier jede Komponente auf geradezu geniale Weise nicht nur ihren Eigengeschmack, sondern unterstreicht gleichermaßen den der anderen und erreicht damit, dass jede einzelne Zutat besonders intensiv schmeckt. Der Hauch von Hibiskusblüten vertieft und konzentriert den Fruchtgeschmack der Erdbeeren, Vanille und Zucker wiederum zähmen die säuerliche Note des Hibiskus, ohne sein Aroma im Geringsten zu beeinträchtigen. Dieses Dessert ist eine reine Gaumenfreude, Sie sollten es unbedingt ausprobieren. Sie fragen sich, ob so ein einfaches Rezept überhaupt so gut sein kann? Der Freund, für den ich es einmal zubereitet habe, hat mir auf der Stelle einen Heiratsantrag gemacht. Ich habe ihm geraten, sich damit an Alain Passard persönlich zu wenden.

FÜR 6 PERSONEN

500 ml | 2 cups Wasser
150 g | ¾ cup Zucker
1 Vanilleschote (notfalls durch ½ TL Vanilleextrakt ersetzen)
25 g | 1 cup getrocknete Hibiskusblüten (als Tee erhältlich, auch unter dem Namen Karkadeh)
500 g entstielte, geviertelte Erdbeeren

DAZU SERVIEREN: *Vanilleeis und einen Schuss Rum aus der Karibik*

Wasser und Zucker in einem kleinen Stieltopf zum Kochen bringen. Die Hitze reduzieren und 5 Minuten leicht köcheln lassen.

Die Vanilleschote der Länge nach mit einem Messer aufschlitzen und das Mark mit dem Rücken der Messerspitze von oben bis unten herauskratzen. Das Mark und die beiden Schotenhälften (oder gegebenenfalls den Vanilleextrakt) zu dem Zuckersirup geben. Die getrockneten Hibiskusblüten hinzufügen und kräftig durchrühren. Mazerieren lassen, bis der Sirup vollständig abgekühlt ist.

Die Erdbeeren in eine dekorative Schale geben, in die später auch der Sirup gegossen werden kann. Mit Klarsichtfolie abdecken und bis zum Servieren kühl stellen.

Den vollkommen abgekühlten Hibiskussirup in eine Schüssel abseihen. Die Hibiskusblüten und die Schotenhälften wegwerfen, die Schüssel mit Frischhaltefolie abdecken und in den Kühlschrank stellen.

Eine Stunde vor dem Servieren den Hibiskus-Vanille-Sirup über die Erdbeeren gießen und vorsichtig untermischen. Mit Klarsichtfolie abdecken und bis zum Servieren zurück in den Kühlschrank stellen. Die Beeren nicht viel länger als eine Stunde in dem Sirup ziehen lassen, da sie sonst weich werden und zerfallen.

Die Beeren allein oder auf Vanilleeis bester Qualität servieren. Ein Schuss Rum passt ebenfalls dazu – natürlich nur ein guter, möglichst gereifter Tropfen aus der Karibik.

Warme Aprikosen mit Honig und Safran

Nach einem Rezept von Ferran Adrià

Hier ist eine weitere geniale Aromenkombination, mit der Sie bei Ihrer nächsten Einladung Furore machen können. Die Begeisterung Ihrer Gäste wird noch steigen, wenn Sie ihnen erzählen, dass das Rezept von Ferran Adrià entwickelt wurde, dem Zauberkünstler der spanischen Avantgarde-Küche; nirgendwo auf der Welt ist es schwerer, einen Tisch zu reservieren als in seinem Restaurant elBulli. Überraschend ausgetüftelte Aromenkombinationen wie Aprikose und Safran tragen Adriàs Handschrift.

Die warmen Aprikosen – selbst früh geerntete, noch nicht voll ausgereifte Früchte – entwickeln ein ausgeprägtes Aroma, das durch den duftenden Honig noch unterstrichen wird. Safran verleiht dem Dessert eine dezent-pikante Note, die keine unangenehme Süße aufkommen lässt. Absolut genial!

FÜR 4–6 PERSONEN

450 g Aprikosen
1 Vanilleschote
4 EL flüssiger oder zähflüssiger Honig (so dunkel wie möglich)
1 kleine Prise Safran

DAZU SERVIEREN: *Vanilleeis (nach Belieben)*
BENÖTIGTES MATERIAL: *eine große, flache Auflaufform*
BACKOFEN VORHEIZEN AUF: *200 °C*

Die Aprikosen halbieren, dabei entlang der Kerbe rund um den Kern herum schneiden. Die Kerne entfernen und die Aprikosenhälften mit der Schnittfläche nach oben in einer großen Auflaufform nebeneinander anordnen.

Die Vanilleschote der Länge nach mit einem Messer aufschlitzen und die schwarzen Samenkörner mit dem Rücken der Messerspitze von oben nach unten herauskratzen. Mit der Fingerspitze ein paar Samenkörner aufnehmen und vorsichtig auf die Schnittfläche jeder einzelnen Aprikose auftragen. Den Honig über die Aprikosenhälften träufeln. Die Safranfäden zwischen den Fingern zerbröseln und gleichmäßig über die Aprikosen streuen. Im Zweifelsfall lieber etwas weniger Safran verwenden, das kräftige Gewürz könnte die anderen Aromen übertönen.

Die Form in den vorgeheizten Ofen schieben und die Aprikosen 12 Minuten backen. Aus dem Ofen nehmen und vor dem Servieren ein paar Minuten abkühlen lassen. Die gebackenen Aprikosen schmecken am besten warm – nicht kochend heiß. Die Früchte allein oder mit Vanilleeis servieren.

Einfache Brot- und Zwiebelsuppe

Die Hauptzutaten dieser Suppe sind Brot, Zwiebeln und Milch.

Wenn Sie sie kosten, werden Sie über den komplexen Geschmack und die cremige Konsistenz staunen, die mit diesen drei Ingredienzen erreicht werden. Das Geheimnis: Man muss jede Zutat sehr behutsam behandeln, damit sie ihren natürlichen Geschmack voll entfalten kann. Die Zwiebeln werden angeschwitzt und langsam so lange gedünstet, bis sie zu schierer Zwiebelmasse reduziert sind. Die Brotwürfel von einem wunderbaren Landbrot werden geröstet, damit noch ein weiteres Aroma hinzukommt. Die Kombination von Milch und Brot verleiht der geschmacksintensiven Suppe ihre seidig-cremige Konsistenz.

FÜR VIER PERSONEN

70 g | 1½ cups altbackenes helles Brot, in 2,5 cm dicke Würfel geschnitten
750 ml | 3 cups Milch
1 EL Butter oder Olivenöl

350 g | 3 cups in dünne Ringe geschnittene Zwiebeln
250 ml | 1 cup Wasser
½–1 EL Salz
schwarzer Pfeffer, nach Geschmack

GARNITUR: *ein Klecks Crème fraîche und fein geschnittene Schnittlauchröllchen*
BENÖTIGTES MATERIAL: *ein Stand- oder Stabmixer*

Die Brotwürfel in einer Pfanne auf mittlerer Hitze unter häufigem Wenden goldbraun rösten. In eine mittelgroße Schüssel geben, mit der Milch übergießen und weichen lassen, während die Zwiebeln dünsten.

Die Butter oder das Olivenöl in einer großen Pfanne bei mäßiger Hitze schmelzen. Die Zwiebelringe dazugeben, anschwitzen und 20–30 Minuten unter gelegentlichem Wenden dünsten. Die Zwiebeln sollen karamellisieren, aber nicht rösten. Wenn die Pfanne zu heiß wird und die Zwiebeln zu schnell bräunen, mit ein paar Tropfen Wasser besprenkeln, die Hitze reduzieren und weiterdünsten, bis sie schön karamellisiert sind.

Die Zwiebeln mit der Milch und dem Brot in einen mittelgroßen Stieltopf geben. (Wird die Suppe später mit einem Stabmixer püriert, sollte der Topf groß genug sein, dass beim Pürieren nichts überlaufen kann.) Das Wasser, einen halben Esslöffel Salz und zwei Drehungen aus der Pfeffermühle dazugeben und bei mittlerer Hitze aufkochen. Die Hitze reduzieren und die Suppe 3–5 Minuten köcheln lassen, bis die Brotwürfel vollständig weich sind.

Die Suppe mit einem Stabmixer im Topf oder in einem Standmixer fein pürieren. (Bei Verwendung eines Standgerätes nach dem Pürieren zurück in den Topf gießen und kurz wieder erwärmen.) Abschmecken und bei Bedarf mit Salz und Pfeffer nachwürzen. Ist die Suppe durch die karamellisierten Zwiebeln zu süß, etwas mehr Salz hinzufügen.

Die Suppe in einer Schale oder einem dekorativen Becher anrichten. Unmittelbar vor dem Servieren mit einem Klecks Crème fraîche und ein paar Schnittlauchröllchen garnieren.

Dinieren wie ein Foodie

Oder wie man zu einem echten Drei-Sterne-Erlebnis kommt

Kennen Sie das Gefühl? Wenn man ein Drei-Sterne-Restaurant betritt und verstohlene Blicke auf die perfekt gekleideten Gäste wirft, hat man dann nicht das Gefühl, alle Anwesenden seien so etwas wie Eingeweihte? Sie scheinen einander problemlos zu verstehen, aber es kommt einem vor, als redeten sie mit fremden Zungen. Jeder kennt das passende Stichwort, weiß, was zu tun ist, wie man sich bei Tisch verhält, welche Gabel (nicht) für den weißen Spargel mit Osetra-Kaviar bestimmt ist. Kellner, Gäste und Sommeliers durchqueren den Raum in unterschiedlichem Tempo, aber in perfekter Harmonie. Die ganze Szene funktioniert nach einer ausgeklügelten Choreografie – nur man selbst hat die Proben verpasst. Jetzt ist man nicht ganz im Takt und läuft ständig Gefahr, jemandem auf den Fuß zu treten. Und es kommt noch schlimmer: Für das Privileg, überhaupt dort sein zu dürfen, muss man eine Menge Geld locker machen!

Natürlich muss ich Ihnen nicht klarmachen, was Sie sowieso schon wissen. Das ändert aber nichts an der Tatsache, dass Sie verunsichert sind. Keine Sorge, liebe Freunde, hier wird Ihnen geholfen. Dieser kleine Survival Guide wird Ihnen zeigen, wie man das Abenteuer überlebt und das Beste dabei herausholt.

Zunächst einmal sollten Sie Ihre Einstellung ändern. Die Party wird für Sie veranstaltet! Warum sollten ausgerechnet Sie eingeschüchtert sein? Sie sind am Tisch der Ehrengast, und was noch wichtiger ist: Sie haben den Geldbeutel! Es ist Ihr kulinarisches Erlebnis, und das Restaurantpersonal ist dazu da, Ihnen einen wundervollen Abend zu bereiten. Es ist dazu da, Ihnen zu helfen.

Nicht, dass Sie mich missverstehen: Ich gebe Ihnen keinen Freibrief dafür, Leute nur so zum Spaß herumzukommandieren. Manche Gäste tun das in der Hoffnung, gleich eine Art Ordnung oder Hierarchie zu etablieren, um klarzustellen, wer hier das Sagen hat. Dass gerade solche Menschen im Grunde tief verunsichert sind, ist traurigerweise oft für alle anderen sichtbar außer für die selbstherrlichen Aufschneider selbst. Andere Gäste wiederum bauen mit einem derartigen Verhalten eine Art Schutzschild auf, um allen möglichen eingebildeten Ärgernissen vorzubeugen, zum Beispiel, dass sie eine kleinere Portion Fleisch oder ein weniger gutes Stück Fisch serviert bekommen als der Tischnachbar oder dass sie zur Bestellung einer überteuerten Flasche Wein gedrängt werden. Leider sind derartige Präventivschläge keine Garantie für einen gelungenen Abend – meistens bewirken sie genau das Gegenteil.

Wenn man ein Restaurant aufsucht, betritt man schließlich kein Schlachtfeld, auf dem entweder der clevere Gast oder das gewitzte Personal den Sieg davonträgt. Stellen Sie sich Ihren Restaurantbesuch lieber vor als einen Akt harmonischen Zusammenspiels zwischen dem Küchenchef, dem Servicepersonal und Ihnen, um daraus einen für alle Beteiligten optimalen Abend zu machen. Es gibt gute, ehrliche Restaurants und es gibt schlechte. Falls Sie in einem Nepplokal gelandet sind, in dem man nur darauf aus ist, Ihnen so viel Geld wie möglich aus der Tasche zu ziehen, werden die Leute durch Ihr Auftrumpfen auch nicht ehrlicher. Am besten geht man dort nie wieder hin. Wenn Sie andererseits in einem Restaurant sitzen, dessen Bestreben es ist, seinen Gästen einen großartigen Abend zu bescheren (was meiner Meinung nach in den meisten renommierten Restaurants überall auf der Welt üblich ist), wird jede Art von tyrannischem Verhalten das Personal verstimmen und der Schuss folglich nach hinten losgehen.

Meiner Erfahrung nach schätzt das Servicepersonal Gäste, die höflich sind und mit Freuden etwas Neues probieren. Der Kellner hilft dem Gast sehr gerne bei der Auswahl der Speisen und des Weines. Dagegen werden die Alleswisser nicht gerne gesehen und hinter ihrem Rücken oft spöttisch belächelt. Einmal saß ich neben einem solchen Gast, der darauf beharrte, genug Französisch zu verstehen, um seine Menüauswahl ohne jede Hilfe zu treffen. Als Hauptgericht bestellte er etwas, von dem er annahm, es sei Kalbfleisch. Ich sah, wie der Kellner versuchte, sich einzuschalten und ihm etwas zu erklären, aber der ungehaltene Gast schob ihn herablassend beiseite. Und was geschah? Das Bestellte entpuppte sich als *rognon de veau*, Kalbsnierchen, perfekt gebraten und in einer blitzblanken Kupferpfanne serviert. Ich sah dem Mann an, dass ihm das Gericht überhaupt nicht schmeckte (*rognon de veau* ist eher etwas für Kenner), aber da er zu stolz war, seinen Fehler einzugestehen, musste er Haltung bewahren und so tun, als wüsste er genau, was er da geordert hatte.

Die Küchenchefs der Spitzengastronomie verstehen sich als Künstler und meisterliche Handwerker. Jeder hat seine eigene ausgeprägte Handschrift und eine klar definierte Küchenphilosophie. In ihren Restaurants zahlt es sich wahrscheinlich aus, sich ihrer Führung zu überlassen. Das ist wie beim Tanzen. Sind Sie schon einmal von einem richtig guten Tänzer über das Parkett geführt worden? Wie Al Pacino in *Der Duft der Frauen?* Ein solcher Tanzpartner hebt einen auf ein ganz anderes Niveau. Man muss nur die Augen schließen und sich führen lassen.

Aber nein! Ich verlange doch nicht, dass Sie jede Kontrolle aufgeben. Schließlich müssen ja Sie die Speisen verzehren. Sie allein wissen, was Sie mögen, und lassen Sie die Küche wissen, was sie nicht mögen. Ich für meinen Teil mag keine Rote Bete, wobei „nicht mögen" noch freundlich ausgedrückt ist. Jedes Mal, wenn ich im „L'Arpège" in Paris bin, findet die gleiche Diskussion mit den Kellnern statt:

„Aber das ist die Spezialität des Küchenchefs", ist ihr Argument. „Das ist mir gleich. Ich esse keine Rote Bete", entgegne ich. Das Ende ist immer das gleiche. Selbst Alain Passard kann kein Rote-Bete-Gericht zubereiten, das ich bereit wäre zu essen. Ich bleibe hartnäckig, und das sollten Sie auch tun. Hier ein paar Grundregeln für einen optimalen Restaurantbesuch:

Planen Sie voraus: Es ist nie verkehrt, sich vorher über das Restaurant zu erkundigen, das Sie besuchen wollen. Lesen Sie, was über den Chef oder die Chefin und seinen/ihren Kochstil veröffentlicht wurde. Finden Sie auf der Speise- und der Weinkarte die Spezialität des Hauses heraus. Per Mausklick können Sie sich leicht in verschiedene Informationsquellen einklicken wie Portale zu Restaurantbewertungen, Blogs und Online-Zeitungsarchive.

Reservieren Sie rechtzeitig einen Tisch. Selbst Ihren wohlhabenden Freunden mit besten Beziehungen gelingt es nicht immer, eine ohnehin sehr schwierige Reservierung aus dem Hut zu zaubern, also planen Sie früh genug. Befindet sich das Restaurant Ihrer Wahl im Ausland, reservieren Sie per Fax oder E-Mail. Das ist besser, als eine verstümmelte Nachricht auf dem Anrufbeantworter in einer Sprache zu hinterlassen, die der für die Reservierung zuständige Mitarbeiter nicht ohne Weiteres versteht. Vergewissern Sie sich, dass Ihre Reservierung per Fax oder E-Mail bestätigt wurde, ehe Sie ins Flugzeug steigen. Erst wenn Sie innerhalb einer Woche keine Antwort erhalten haben, rufen Sie an.

Pflegen Sie Ihre Beziehungen: Wenn Sie vorhaben, ein bestimmtes Restaurant wieder aufzusuchen, sorgen Sie dafür, dass Ihr Name im Reservierungsbuch steht. Renommierte Restaurants führen sorgfältig Buch über ihre Kunden. Mit jedem neuen Besuch werden Sie an mit Sicherheit grenzender Wahrscheinlichkeit zuvorkommender und herzlicher empfangen. Und schon bald werden Sie die so schwierige Reservierung für ihre verzweifelten Freunde aus dem Hut zaubern.

Warnen Sie das Restaurant höflichkeitshalber vor: Falls Sie oder einer Ihrer Begleiter diätetische Einschränkungen befolgen müssen, informieren Sie das Restaurant entsprechend, wenn Sie die Reservierung vornehmen. Jedes große Restaurant wird gerne Sonderwünschen

entgegenkommen, die man aber freundlicherweise vorher ankündigen sollte. Einmal habe ich einem Freund geholfen, ein Festmahl für 90 Personen auf einem Gutshof auszurichten. Die Speisen wurden von einem berühmten Küchenchef zubereitet. Ein geladenes Pärchen kam am Tag der Veranstaltung vorbei, als das Festmahl gerade in einer Behelfsküche irgendwo im Freien gekocht wurde, und teilte uns mit, sie seien Vegetarier und wünschten ein absolut tierfreies Essen. Ich musste mich sehr zusammenreißen, um ihnen nicht eine Küchenschere in die Hand zu drücken und sie aufzufordern, sich ihr Futter im nahe gelegenen Feld selbst zu suchen. Normale Restaurantküchen sind in so einem Fall besser gerüstet als unsere damalige Campingküche, aber aus Gründen der Höflichkeit sollte man auch ihnen ermöglichen, entsprechend vorbereitet zu sein. Dann haben Sie eine faire Chance, trotz der Einschränkungen exzellent zu speisen.

Freunden Sie sich mit dem Servicepersonal an: Ich habe irgendwo gelesen, dass ein gelungener Restaurantbesuch das Resultat der Komplizenschaft zwischen dem Gast, dem Ober und dem Küchenchef ist. Daher sollten Sie unbedingt vermeiden, die Küche und das Servicepersonal gegen sich aufzubringen.

Es ist nur zu Ihrem Vorteil, wenn Sie jeden Mitarbeiter höflich behandeln, vom Maître d'Hotel bis zu dem Hilfskellner, der Ihren Suppenteller abräumt. Würdigen Sie den Küchenchef. Gewinnen Sie die

Sympathie aller Beteiligten und machen Sie sie zu Ihren Komplizen. Bringen Sie sie unter keinen Umständen so weit, dass sie sich gegen Sie verschwören.

Denken Sie regional: Halten Sie sich an die lokale Küche. Die meisten großen Restaurants sind stolz darauf, ihren Gästen die typischen Produkte der Region zu präsentieren. Wenn Sie in der Maison de Bricourt (siehe Anmerkung Seite 176) in der Bretagne essen, sollten Sie kein Steak bestellen, denn der Ruhm des Hauses sind die großartigen Kreationen Olivier Roellingers aus lokalen Fischen und Meeresfrüchten und aus jungen Pré-salé-Lämmern von den Salzwiesen der nahen Küste. In Laguiole, auf der unwirtlichen Hochebene des Aubrac im Südwesten Frankreichs, steht das Restaurant von Michel Bras. Der Chef durchstreift täglich selbst die umliegenden Hügel auf der Suche nach wildwachsenden Kräutern und Grüngemüsen für seinen berühmten Salatteller „Gargouillou“. Wenn man aus lokalen Produkten zubereitete Gerichte bestellt, würdigt man die Spezialitäten des Küchenchefs und zollt den Wurzeln des Restaurants seinen Respekt.

Denken Sie saisonal: Neben lokalen Produkten, die dem Gast auch die kulinarischen Vorlieben der Region, in der er speist, näherbringen sollen, verwenden die renommierten Restaurants für ihre Kreationen nur erstklassige Produkte der jeweiligen Jahreszeit. Dadurch ist der Gast immer auf etwas Neues gespannt und der Küchenchef verliert nicht sein Engagement, er entwickelt sich ständig weiter. Nur so kann ein bereits gut etabliertes Restaurant weiter aufsteigen zum Olymp der Gastronomie. Seien Sie skeptisch gegenüber Restaurants, deren Speisekarte immer gleich ist. Ich mache schon auf dem Absatz kehrt, wenn auf einer Karte das ganze Jahr über Trüffel stehen. Für mich heißt das, dass der Chef unbeweglich und fantasielos ist und Luxusprodukte nur anbietet, um möglichst teure Menüs zusammenzustellen. Solche Köche sind im besten Fall mittelmäßig und sinken noch tiefer, wenn sie das grässlich penetrante Trüffelöl verwenden. Falsche Luxusprodukte sind die Neureichen der Gastronomie. Eine perfekt zubereitete Kartoffel dagegen kann man mir jederzeit vorsetzen.

Mit ein paar Recherchen sollte es Ihnen möglich sein, herauszufinden, welche regionalen Produkte gerade Saison haben. Andernfalls wird Sie das Servicepersonal gerne entsprechend beraten. Auch bei der Auswahl des Weines empfiehlt sich ein regionales Gewächs. Ordern Sie in Burgund keinen Clairet – der hellrote Bordeaux-Wein wäre dort wahrscheinlich nicht die beste Wahl.

Genieren Sie sich nicht: Stellen Sie ruhig Fragen. Ein wissbegieriger Gast kommt besser an als einer, der so tut, als wisse er alles. Sagen Sie klar und deutlich, was Sie wollen, und bleiben Sie dabei. Wenn Sie Ihr Fleisch lieber durchgebraten mögen, sollte niemand Sie daran hindern, es auch so zu bestellen. Schließlich ist es Ihr Essen und Ihr Verdauungssystem. Wenn allerdings die Liste der Dinge, die Sie nicht essen dürfen, endlos lang ist, wäre es sicher besser, Sie äßen bei sich zu Hause.

Der Sommelier weiß nicht, was Sie gerne trinken: Wenn man einen Sommelier bittet, die Weinauswahl zu übernehmen, kann das zu einer Reihe böser Überraschungen führen. Nicht, dass ich glaube, Sommeliers hätten es auf uns abgesehen, aber mit dem Auftrag, „irgendetwas auszuwählen", können sie nicht viel anfangen. Meiner Erfahrung nach sind die wenigsten unter ihnen hellseherisch begabt. Geben Sie ihnen ein paar Anhaltspunkte, welche Art Wein Ihnen zusagt oder welche Weine Sie dort schon mit Genuss getrunken haben, und geben Sie ihm auch Ihre Preisvorstellung als Anhaltspunkt. Ein guter Sommelier wäre sicher entzückt, Ihnen auf diese Weise behilflich zu sein.

Wenn alle Stricke reißen, spielen Sie den Snob: Trotz bester Absichten und Manieren kann es dennoch vorkommen, dass man auf eine Servicebrigade mit unerhört hochnäsigem Verhalten trifft. Irgendwann ist das sicher schon jedem einmal passiert. Wenn in so einem Fall alle Stricke reißen, empfehle ich, Sie schlagen sie mit ihren eigenen Waffen und geben selbst den Snob.

Ich muss Sie warnen, diese Art Rache üben Sie am besten mit tadellosem Benehmen und einem gewinnenden Lächeln. Denken Sie immer daran: Es ist Ihre Show. Sie sind der Star, also handeln Sie auch so. Sagen Sie dem Kellner, in Ihrem Wasser sei zu viel Eis, man möge einige Würfel entfernen. Oder bemängeln Sie einen Fleck auf Ihrem Messer, der vielleicht so winzig ist, dass nur Sie ihn sehen können, aber bitten Sie trotzdem, es möge ausgetauscht werden. Stellen Sie jede Menge Fragen zu einem bestimmten Gericht, und zwar so detailliert, dass der Kellner wiederholt in die Küche gehen muss, um sich „beim Chef rückzuversichern". Bestellen Sie etwas, ändern Sie dann Ihre Meinung, vielleicht noch ein zweites Mal, aber vergessen Sie dabei nie Ihr untadeliges Benehmen. Den Snob zu mimen ist ein Machtspiel. Ich will Sie nicht ermutigen, damit anzufangen, aber wenn ein anderer das tut, werden Sie jedes Mal als Sieger vom Platz gehen.

Synthesis of elBulli cuisine
1. Cooking is a language through which all the following properties may be expressed: harmony, creativity, happiness, beauty, poetry, complexity, magic, humor, provocation and culture.
2. The use of top quality products and technical knowledge to prepare them properly are taken for granted.
3. All products have the same gastronomic value, regardless of their price.
4. Preference is given to vegetables and seafood, with a key role also being played by dairy products, nuts and other products that make up a light form of cooking. In recent years red meat and large cuts of poultry have been very sparingly used.
5. Although the characteristics of the products may be modified (temperature, texture, shape, etc.), the aim is always to preserve the purity of their original flavor, except for processes that call for long cooking or seek the nuances of particular reactions such as the Maillard reaction.
6. Cooking techniques, both classic and modern, are a heritage that the cook has to know how to exploit to the maximum.
7. As has occurred in most fields of human evolution down the ages, new technologies are a resource for the progress of cooking.
8. The family of stocks is being extended. Together with the classic ones, lighter stocks performing an identical function are now being used (waters, broths, consommés, clarified vegetable juices, nut milk, etc.).
9. The information given off by a dish is enjoyed through the senses; it is also enjoyed and interpreted by reflection.
10. Taste is not the only sense that can be stimulated: touch can also be played with (contrasts of temperatures and textures), as well as smell, sight (colors, shapes, trompe d'oeil, etc.), whereby the five senses become one of the main points of reference in the creative cooking process.
11. The technique - concept search is the apex of the creative pyramid.
12. Creation involves teamwork. In addition, research has become consolidated as a new feature of the culinary creative process.
13. The barriers between the sweet and savory world are being broken down. Importance is being given to a new cold cuisine, particularly in the creation of the frozen savory world.
14. The classical structure of dishes is being broken down: a veritable revolution is underway in first courses and desserts, closely bound up with the concept of symbiosis between the sweet and savory world; in main dishes the "product-garnish-sauce" hierarchy is being broken down.
15. A new way of serving food is being promoted. The dishes are finished in the dining room by the serving staff. In other cases the diners themselves participate in this process.
16. Regional cuisine as a style is an expression of its own geographical and cultural context as well as its culinary traditions. Its bond with nature complements and enriches
with its environment.
17. Products and
her countries are subjected to one's
particular style
18. There are
aining harmony of products and flavors: through
ional cooking traditions, adaptation, deconst
s), or through new combinations.
19. A culinar
which is becoming more and more ordered, tha
hes a relationship with the world and
ony is to be found in small
ance are completely legiti-
nd to, or are closely bound
sion of avant - garde cooking.
oncepts such as snacks,
to their own.
s from different fields
tc.,) is essential for progress
d industry and the scientific
Sharing this knowledge
is evolution.

เปิด 24 ชม.

Streetfood genießen – ohne Reue

Ein echter Foodie ist mit dem Streetfood-Vokabular ebenso vertraut wie mit der Sprache der Haute Cuisine. Zu einer Zeit, in der der New Yorker Starkoch und Buchautor Anthony Bourdain in Sachen Essgewohnheiten fremder Völker um die Welt reist, müssen einem *chaat* (indische Straßensnacks) genauso vertraut sein wie Muffins. In der Theorie ist das ja alles gut und schön, bis man sich in einem fremden Land auf einem geschäftigen Markt wiederfindet und fast geblendet ist von der farbenfrohen Vielfalt der angebotenen Speisen. Alles wirkt verlockend und ominös zugleich. Eigentlich möchte man jede einzelne Köstlichkeit probieren – das ist man seinem Foodie-Image schließlich schuldig –, aber die Aussicht, die nächste Zeit in liebevoller Umarmung einer Toilettenschüssel zu verbringen, lauert warnend im Hinterkopf und lässt keinen Spaß aufkommen. Wir wollen uns doch nicht den Urlaub verderben, oder?

Bevor Sie annehmen, dass ich eine Antwort auf dieses Dilemma weiß und Sie mir später den Prozess machen, weil Sie von Ihrer Foodie-Wallfahrt nach Oaxaca von „Montezumas Rache" gebeutelt nach Hause gekommen sind, muss ich Ihnen beichten, dass ich auch nicht weiß, wie man sich todsicher davor schützen kann, von verdorbenen Straßensnacks krank zu werden. Niemand weiß das, nicht einmal Tony Bourdain, der heilige Schutzpatron der Imbiss-Foodies. Aber ich kann Ihnen ein paar einfache Regeln sagen, an die ich mich grundsätzlich halte und die sich bisher recht gut bewährt haben. Mögen sie auch Ihnen dabei helfen, risikoreiche Situationen erfolgreich zu umschiffen.

Folgen Sie der Menschenmenge: Einheimische wissen, was bekömmlich ist und wovon man in der Regel nicht krank wird. Sie werden mit Sicherheit auf keinen größeren Imbissstand stoßen, den die Einheimischen nicht schon längst für sich entdeckt haben. Folgen Sie der Menge zu den Ständen, die am meisten belagert sind. Und wenn die Leute in einer langen Schlange anstehen, tun sie das aus gutem Grund. Haben Sie Geduld. Schließlich sind Sie im Urlaub!

Belagerte Stände verkaufen viele Mahlzeiten. Das bedeutet, dass die Lebensmittel nicht stundenlang herumstehen und sich darauf ganze Kolonien bösartiger Keime ansiedeln können, die später in Ihren Magen wandern.

Essen Sie heiße Speisen (die vorzugsweise frisch gegart wurden): Am sichersten ist es, nur Lebensmittel zu verzehren, die frisch für Sie zubereitet worden sind, am besten vor Ihren Augen. Die Speisen sollten kochend heiß sein, das heißt so heiß, dass Sie sie kaum essen können, ohne sich daran erst die Finger und dann die Zunge zu verbrennen. Von „lauwarm" kann keine Rede sein. Denken Sie immer daran, dass starke Hitze Krankheitserreger abtötet. Eine warme Umgebung dagegen ist für Keime wie eine Therme, und Sie möchten doch bestimmt nichts mit Keimen zu tun haben, die gerade einen Tag in ihrem Wellness-Center zugebracht haben.

Packen Sie ein Besteck ein: Manchmal macht nicht das Essen krank, sondern ungenügend gesäubertes Essbesteck. Mit vielfach benutzten, feuchten Essstäbchen aus Bambus, die in trübem Wasser fast ohne Spülmittel abgewaschen wurden, würde ich mir lieber kein Essen in den Mund schaufeln. Ich will damit nicht sagen, dass Sie bei jeder Mahlzeit Ihr eigenes Besteck auspacken sollen, aber ein paar mitgebrachte Wegwerfartikel könnten sich auf Ihrer Reise gelegentlich als nützlich erweisen. Verlassen Sie sich auf Ihr Gefühl, Sie werden erkennen, wann Sie sie brauchen. Ein paar Einwegstäbchen und eine oder zwei Kunststoffgabeln beanspruchen in Ihrer Tasche nicht viel Platz. Später werden Sie mir für den Tipp dankbar sein. Und da wir gerade dabei sind: Packen Sie auch Papiertaschentücher ein, und zwar jede Menge.

Waschen Sie sich oft die Hände: Sie können nicht wissen, was andere Hände angefasst haben, aber Sie können wenigstens Ihre eigenen sauber halten. Von Handdesinfektionsmitteln halte ich nicht viel, ich weiß natürlich, dass es sie gibt, aber ich glaube nicht, dass sie halten, was sie versprechen. Stattdessen habe ich immer eine kleine Plastikflasche mit flüssiger Seife dabei und wasche mir die Hände bei jeder sich bietenden Gelegenheit.

Packen Sie ein Durchfallmittel ein: Trotz aller Vorsicht können Sie einen leichten Durchfall bekommen. Damit muss man rechnen, aber das ist überhaupt kein Grund zur Panik. Nehmen Sie ein rezeptfreies Medikament mit, damit Sie schnell Abhilfe schaffen können, aber von stärkeren Geschützen würde ich abraten. Ihr Körper schwemmt nicht ohne Grund etwas aus, irgendwelche Erreger machen ihm zu schaffen, und die will er so schnell wie möglich loswerden. Das sollten Sie auf keinen Fall durch ein stopfendes Mittel verhindern. Verstehen Sie, was ich meine? Achten Sie nur darauf, genügend sauberes Mineralwasser zu trinken, damit Ihr Körper ausreichend mit Flüssigkeit versorgt wird.

Was Sie schälen können, dürfen Sie essen: Ich kann nicht mehr zählen, wie viele Male ich von vorgeschnittenen Früchten krank geworden bin, die ich an der Straße gekauft habe. Man weiß eben nicht, wo und wie die Leute ihre Messer waschen und, was noch schlimmer ist, womit ihre Hände in Berührung kommen. Ich habe mir zur Regel gemacht, dass ich, wenn ich den hygienischen Bedingungen vor Ort nicht traue, Obst dankend ablehne, das ich nicht selber schälen kann. Stecken Sie Ihr Taschenmesser ein – aber denken Sie vor dem Einchecken daran, dass es in Ihr aufgegebenes Gepäck gehört.

Immer mit der Ruhe, Baby: Lassen Sie Ihrem Körper etwas Zeit, sich umzustellen, und stürzen Sie sich nicht gleich nach Ihrer Ankunft kopfüber ins Ungewisse. Probieren Sie zum Anfang lieber ein paar Speisen, die Ihnen sicher erscheinen. Fangen Sie langsam an und arbeiten Sie sich nach und nach vor bis zum Höhepunkt: der Streetfood-Orgie am Abend vor Ihrer Heimreise. Sollten Sie sich dabei etwas einfangen, kommen Sie wenigstens rechtzeitig nach Hause, um sich vom Arzt Ihres Vertrauens behandeln zu lassen.

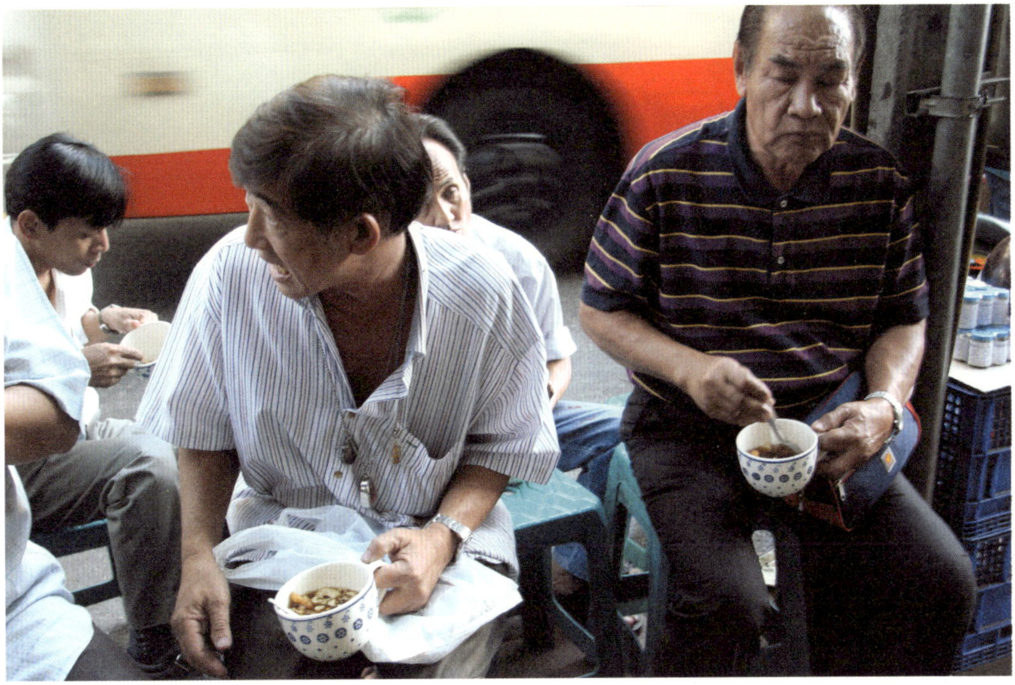

Zehn Zeichen für Mittelmäßigkeit

Wie man ein mittelmäßiges Restaurant erkennt (und wie man sich davon fernhält).

1. Trüffeln auf der Speisekarte im Sommer: Hier ist nicht die Rede von köstlich cremigen Schokotrüffeln. Die dürfen ruhig jeden Tag auf der Speisekarte stehen. Ich meine die teuren schwarzen Trüffeln aus dem Périgord *(Tuber melanosporum)*, das schwarze Gold aus Frankreich. Obwohl manche Leute behaupten, sie stänken wie getragene Socken, sind sie doch das Nonplusultra der Luxusprodukte.

Pompöse, hochpreisige Restaurants verwenden schwarze Trüffeln, um ihren Speisekarten einen Hauch Exklusivität zu verleihen. Das ist soweit ja in Ordnung, nur wenn die Saison vorüber ist und immer noch schwarze Trüffeln auf der Karte stehen, könnte das möglicherweise daran liegen, dass dafür mit Abstand mehr verlangt werden kann als für eine noch so perfekte simple Tomate. Wenn das ganze Jahr über getrüffelte Speisen angeboten werden, bedeutet das im Normalfall den Einsatz dieser entsetzlichen Trüffelöle, die nur entfernt an die echte Knolle erinnern und, wenn überhaupt, nur Spuren davon enthalten.

Saisonal speisen ist heutzutage angesagt. Liebhaber guter Küche wissen mehr als je zuvor über Qualität und Saisonalität der Produkte Bescheid, die auf ihren lokalen Bauernmärkten angeboten werden. Ein kultivierter Esser kommt wohl kaum auf die Idee, sich im Hochsommer eine große Portion deftigen Rindereintopf mit oder ohne getrüffelten Kartoffelbrei (Entschuldigung, *pomme purée*) zu genehmigen. Trüffeln auf der Speisekarte im Sommer sind ein sicheres Zeichen für ein Restaurant, das nicht mit der Zeit gegangen und höchstwahrscheinlich nur darauf aus ist, Ihnen so viel Geld wie möglich abzuknöpfen.

2. Ein Eine-Million-Dollar-Ausblick oder eine zu günstige Lage: Diese Regel trifft auch auf Restaurants zu, die auf schwindelerregend hohen Gebäuden um ihre eigene Achse rotieren, einen malerischen Kanal oder Fluss entlang oder auf einem See oder gar einem berühmten Gewässer schwimmen.

Jahrelang war das Restaurant „Jules Verne" auf dem Eiffelturm ein klassisches Beispiel dafür, wie tief ein Restaurant in puncto Qualität sinken kann, nur weil es sich in luftigen Höhen befindet. Der Ausblick war (und ist) wahrhaft spektakulär, aber das Essen war mäßig und der Service dementsprechend. Leider ist das keine Ausnahme. Die meisten Restaurants mit einem Eine-Million-Dollar-Ausblick wissen, warum ihre Gäste kommen, und das tun sie in der Regel nicht, weil sie exquisit speisen wollen.

Restaurants mit einem einladenden Speiseraum in günstiger Lage, zum Beispiel direkt an einem schönen Platz mitten in einer Stadt, müssen sich nicht sonderlich bemühen, um Besucher anzulocken. Folglich sind die dort aufgetischten Speisen in der Regel bestenfalls mittelmäßig. Das soll übrigens nicht heißen, dass man dort vergiftet wird. Es wäre nur ratsam, seine Ansprüche als Foodie an der Garderobe abzugeben, da man sonst mit ziemlicher Sicherheit eine Enttäuschung erlebt.

3. Das Wort Gourmet wird verdächtig oft bemüht: Wie das Wort „nobel“, das meistens von Leuten gebraucht wird, auf die diese Eigenschaft nicht zutrifft, verwenden oft diejenigen den Begriff „Gourmet“, die keine Ahnung haben, was er eigentlich bedeutet. Jeder, der glaubt, dass aus jedem Gericht eine Gourmetspeise wird, wenn man wahllos sogenannte Luxusprodukte hinzufügt wie zum Beispiel Trüffelöl zu einem schlichten Kartoffelbrei, um ihn dann Gourmetpüree zu nennen, sollte nicht ernst genommen werden.

Seien Sie besonders skeptisch, wenn das Wort „Gourmet“ in Zusammenhang mit Ethno-Food (Gerichte aus fremden Kulturkreisen) verwendet wird wie zum Beispiel „Indisches Gourmet-Restaurant“. In der Regel bedeutet das nichts weiter, als dass Tischdecken aufgelegt werden oder die Seife am Waschbecken der Toilette ein Markenartikel ist, wodurch das Niveau der Preise auf der Speisekarte deutlich angehoben werden kann, das der Speisen allerdings nur unwesentlich oder gar nicht.

4. Die Speisekarte liest sich wie ein Dokument der Vereinten Nationen: Ich bin kein Fan von vielen Länderküchen unter einem Dach, denn aus Fusion kann schnell Konfusion entstehen. Ich denke da zum Beispiel an einige asiatische Restaurants im „Quartier chinois“, dem Pariser Chinatown. Bei manchen ist die Aufschrift so lang, dass sie locker zweimal um das Gebäude passen würde: „Chinesische, thailändische, vietnamesische, laotische und kambodschanische Spezialitäten“. Bei einer derartigen Vielzahl von Gerichten kann deren Qualität eigentlich nur mittelmäßig sein.

5. Die Speisekarte ist so lang wie die Odyssee: Ein Restaurant kann schwerlich alle der Menschheit auch nur annähernd bekannten Ingredienzen auf Lager haben, um seinen Gästen eine Speisekarte anzubieten, die so lang ist wie die Odyssee. Legt man Ihnen eine solche vor, können Sie davon ausgehen, dass das meiste in der Tiefkühltruhe schlummert und erst auf Ihre Bestellung hin geweckt wird. Ich weiß nicht, wie Sie darüber denken, aber mir vergeht der Appetit, wenn ich einen exotischen Fisch bestelle und dann herausfinde, dass er schon so lange im Kälteschlaf ruht wie Tutanchamun im Tal der Könige.

Eine übertrieben lange Speisekarte ist auch ein Zeichen dafür, dass der Chef nicht weiß, wie man sie zusammenstellt. Kein Küchenchef kann jedes einzelne Rezept aus dem *Larousse Gastronomique* perfekt beherrschen; wenn die Gerichte aber alle auf der Karte stehen, wird dem Gast höchstwahrscheinlich etwas sehr Mittelmäßiges serviert.

6. Unglaubwürdige Produkte an unglaubwürdigen Stätten: In einem Internetforum, das ich oft besuche, habe ich kürzlich eine Beschwerde über ein Restaurant in Barcelona gelesen. Die Touristin entdeckte ein Restaurant, studierte die Speisekarte an der Eingangstür und trat ein, weil das angebotene Kängurufleisch ihr Interesse geweckt hatte. Kängurufleisch! In Barcelona? Richtig gelesen, in Spanien! Das Gericht war alles andere als zufriedenstellend, und die Dame äußerte sich ziemlich empört über das Resultat. Ich denke, dass sie damit natürlich hätte rechnen müssen. Man könnte sogar sagen, sie hat es gewissermaßen herausgefordert.

Vor Kurzem beschwerte sich ein Reisejournalist in einer Zeitung über ein mittelmäßiges Mahl, das ihm hoch oben im Norden Thailands vorgesetzt worden war. Aus irgendeinem Grund glaubte er, die Spezialität des Hauses seien pfannengerührte Steinkrabben, die er folglich auch bestellte. Der Ort, in dem sich das Restaurant befindet, liegt im nördlichsten Zipfel Thailands und viele Stunden von der nächsten Meeresküste entfernt. Das Gericht konnte nur mittelmäßig sein. Im Grunde fand ich erstaunlich, dass es keine totale Katastrophe war. Mit einer Portion Fisch aus den nahe liegenden fischreichen Flüssen wäre er deutlich besser gefahren.

Damit will ich nicht sagen, dass man keine Krabben nach Nordthailand transportieren kann oder dass nur Restaurants in Australien Kängurufleisch gut zubereiten. Aber wenn keine außergewöhnlichen Umstände zusammentreffen (der Küchenchef ist ein nach Spanien eingewanderter Australier und sein Vater betreibt eine Kängurufarm), kann man davon ausgehen, dass Kängurufleisch als Exotikum angeboten wird und nicht als Delikatesse.

7. Einladende Türsteher: Gute Restaurants brauchen keine Leute, die an der Eingangstür stehen, vorbeigehende Touristen herbeiwinken und zum Eintreten nötigen. Ganz im Gegenteil: Angesagte Restaurants stellen Türsteher ein, um unangemeldete Gäste so taktvoll wie möglich abzuweisen.

8. „Zwanzig Filialen in zehn Städten weltweit!" Hard Rock Café. Muss ich mehr dazu sagen?

9. Restaurant mit Geschenkartikelladen: Wenn so ein Laden Plüschtiere oder Teddybären mit dem Namen oder Logo des Restaurants führt, ist das besonders bedenklich. Allerdings gibt es zu jeder Regel eine Ausnahme: Viele Drei-Sterne-Restaurants in ländlichen Gegenden Frankreichs verkaufen lokale Produkte oder speziell vom Küchenchef zusammengestellte Ingredienzen, die ganz wunderbar sein können. Gerichte, die ich mit Gewürzen aus dem Laden des Restaurants La Maison de Bricourt in Cancale gekocht habe, waren ein voller Erfolg. Olivier Roellinger, der Chef, ist für den geschickten Einsatz exotischer Gewürze berühmt und die Spezialmischungen, die er dort verkauft, sind einfach fantastisch. Auch aus dem Laden des Spitzenkochs Michel Bras habe ich so manche kleine Köstlichkeit mit nach Hause gebracht. Trotzdem sind die meisten Restaurants mit Souvenirläden, sagen wir – eine Art Hard Rock Café.

10. Das Restaurant ist leer: In der Regel gilt, dass ein leeres Restaurant sehr wahrscheinlich nur eine mittelmäßige Küche bietet. Bilden Sie sich nicht ein, Sie hätten in einem fernen exotischen Land ein im Schmutz verborgenes Juwel gefunden! Würde das Lokal etwas taugen, hätten es andere Gäste, vor allem die einheimischen, lange vor Ihnen für sich entdeckt.

LETS JUST
LOVE EACH
OTHER.....

Sushi-Bar 101

Eine meiner Lieblingsanleitungen zum Verzehr von Sushi ist ein Video, das ich bei YouTube entdeckt habe – eine köstliche Parodie voll absurder Momente: Dem Zuschauer wird in allen Einzelheiten gezeigt, wie er und seine Freunde Platz nehmen sollen und wo die Hände auf der Sushi-Bar-Theke (aus Hinoki-Holz) zu liegen haben, wenn er dem Chef – mit der gebotenen Ehrerbietung – seine Bestellung aufgibt. Dann wird erklärt, mit welchen drei Fingern man wie ein Sushi vom Brett nimmt, wie ein *Nigiri* richtig in die Sauce getunkt wird und in welchem Winkel man den Kopf nach hinten neigt, bevor man sich das Häppchen – mit entsprechender Bedachtsamkeit – in den Mund schiebt. Gezeigt wird auch, wie man von einer geheimen Speisekarte bestellt (*selbstverständlich* gibt es eine geheime Speisekarte!). Nach guter alter britischer Satire-Tradition entlarvt das Video mit seinen grotesken Übertreibungen mehr als nur ein paar Körnchen Wahrheit.

Der Besuch einer Sushi-Bar gilt als ein so mythisches, fremdartiges Experiment mit eingebauten Fallstricken – oder zumindest potenziellen Peinlichkeiten –, dass sich viele auf die – vergebliche – Suche nach einer narrensicheren Kurzanleitung machen. Im Internet wimmelt es nur so davon. Wenn Sie jetzt hoffen, so eine Anleitung hier bei mir zu finden, muss ich Sie enttäuschen. In Wahrheit gibt es nämlich keine.

In acht von zehn Sushi-Bars kümmert es weder den Küchenchef noch die Kellner noch den Besitzer auch nur ein bisschen, wie Sie essen. Sie wollen nur, dass Sie aufessen, austrinken, bezahlen und gehen, damit der nächste Kunde Platz nehmen kann und nun seinerseits aufisst, austrinkt, bezahlt und geht und der übernächste an die Reihe kommt. So läuft das, verstehen Sie. Solche Sushi-Bars, die auf schnellen Umsatz aus sind, erkennt man auf den ersten Blick. Normalerweise sind sie groß und, wenn sie Glück haben, auch gut besucht. Sie haben oft eine umfangreiche Speisekarte für Nicht-Sushi-Esser und eine Auswahl Bento-Boxen (Japanische Lunchboxen, unterteilt in mehrere Fächer für ein komplettes Menü) mit unterschiedlichen Speisenkombinationen, hauptsächlich mit Teriyaki-Hühnchen oder Tempura und der unvermeidlichen, gekonnt gedrehten Orangenscheibe als Dekoration.

Jeder Versuch eines Gastes, komplizierte, zum Teil nur in der Fantasie existierende Rituale zu befolgen, wird seitens des Personals mit Verwunderung registriert. Der Chef und die Kellner würden das natürlich niemals zugeben, aber genau darum geht es gerade in den Kommentaren, die sie einander auf Japanisch zurufen. Ob der Fischbelag nach unten oder nach oben zeigt, wenn Sie sich das Sushi in den

Mund schieben, macht Ihr Geld nicht wertvoller als das des Nachfolgers auf Ihrem Platz. Vergessen Sie exotische Regeln wie die, dass es als ungehörig gilt, die Essstäbchen aneinanderzureiben: Noch ungehöriger wäre es, Ihnen Stäbchen vorzulegen, an denen Splitter haften. Zerbrechen Sie sich also nicht den Kopf und halten Sie sich beim Essen einfach an die üblichen Benimmregeln.

Sie fragen, was man dann überhaupt in solchen Lokalen tut? Meiden Sie sie, wenn möglich, aber falls Sie doch einmal hineingeraten, essen Sie, was alle anderen essen. Mäßige bis mittelklassige Sushi-Bars funktionieren nach dem Gesetz des Umsatzes: Je höher der Umsatz, desto besser sind die Sushis. Je bekannter die Sushis, desto öfter werden sie verlangt, desto frischer sind sie und desto geringer ist das Risiko, dass Sie sich etwas einfangen, was mit einer Dosis Antibiotika nicht erledigt ist. In solchen Lokalen wären Sie schlecht beraten, Aoyagi, die rote japanische Venusmuschel, oder Abalone mit einer aus deren Leber zubereiteten Sauce zu bestellen, nur um zu zeigen, dass Sie sich auch mit weniger bekannten Sushis auskennen. Sie riskieren, dass die Aoyagi-Muscheln schon eine Zeitlang in ihrem Saft vor sich hin gammeln und nur darauf warten, ihre gesamte Spezies mit einem Schlag an einem einzigen selbsternannten Connaisseur zu rächen. So einfach wie möglich, das ist hier der Schlüssel zum Überleben. Ich würde mich auch von den Rollen aus zerkleinertem Fisch fernhalten, die oft in widerlich süßen Saucen serviert werden: Die perfekte Art, alten Fisch zu tarnen und den Kunden als „Spezialität des Hauses“ unterzujubeln. Was ich sagen will: Essen Sie einfach das verflixte durchgebratene Teriyaki-Hähnchen – und verschwinden Sie!

Stattdessen sollten Sie sich vornehmen, aus der Vielzahl der Sushi-Bars die eine oder andere ausfindig zu machen, die einen Besuch wirklich wert ist. Sie müssen nicht teuer sein. Sie müssen nicht einmal groß sein. Sie müssen nur von Leuten geführt werden, denen ihre Arbeit wichtig ist und zu denen Gäste kommen, denen die Qualität ebenso wichtig ist. Solche authentischen Sushi-Bars zu finden, ist nicht sehr schwer. Sie erkennen den Unterschied sofort, wenn Sie einen Blick hineinwerfen. In einem schmuddeligen Restaurant sucht man erstklassige Sushis vergebens. Deren Zubereitung ist sehr anspruchsvoll und bedarf einer makellos sauberen und allzeit perfekt aufgeräumten Arbeitsplatte.

Das Angebot in guten Lokalen ist oft einfach, der frische Fisch für den Tag liegt in einer gekühlten Glasvitrine. Es gibt dort keine Spezialrollen aus Tempura-Garnelen, eingewickelt in Reis, darüber eine Lage Avocado, das ganze ummantelt von Seegras, getränkt in einer klebrigsüßen Sauce und zu allem Übel noch serviert mit Sojasauce und einem

klebrigen grünen Häufchen, das Wasabi sein soll. Stattdessen bekommt man makellosen Fisch und verschiedene Meeresfrüchte auf gut gewürztem Reis. Es mag durchaus ein paar gekochte Speisen geben, aber es sollten so wenige sein, dass sie dem wahren Star, dem Sushi, nicht die Show stehlen.

Wenn Sie eine Sushi-Bar für sich entdeckt haben, machen Sie sich nicht die Mühe, alles zu lesen, was darüber im Internet, in Zeitschriften oder in Büchern steht. Gehen Sie einfach so oft dorthin, wie Sie können, erreichen Sie, ein gern gesehener Gast zu sein. Die Höflichkeitsregeln sind hier dieselben wie überall sonst auch. Essen Sie, worauf Sie Appetit haben, aber probieren Sie gelegentlich auch etwas Neues. Stellen Sie Fragen, die zeigen, dass Sie sich Gedanken machen. Warten Sie, bis Sie an der Reihe sind zu bestellen, und vergessen Sie nicht, dass eine Sushi-Mahlzeit mit Fastfood nichts zu tun hat. Wenn Sie dieses Konzept beherzigen, wird alles zum Besten laufen.

Unter hundert, ja vielleicht unter tausend Sushi-Bars gibt es da noch die eine, die in einer ganz anderen Liga spielt, deshalb habe ich sie zunächst nicht mit einbezogen. Der Besuch einer solchen Sushi-Bar gleicht mehr dem Betreten eines Schlachtfeldes oder dem Beginn einer Kung-Fu-Stunde bei einem exzentrischen alten Meister, einem *Sifu* in einem auffallend girlymäßigen Gewand (wie in *Kill Bill*). Man muss sich erst würdig erweisen, eine authentische Sushi-Platte serviert zu bekommen. Andernfalls werden einem spezielle Langnasen-Gerichte vorgesetzt und man wird im Eiltempo durch eine Mahlzeit komplimentiert, die ein Loch in den Geldbeutel reißt wie eine Monatsmiete in London.

Derart elitäre Stätten darf man nicht ohne gebührende Einführung betreten. Aller Wahrscheinlichkeit nach wird man sowieso nicht hineingelassen. Eine berühmte Sushi-Bar dieser Kategorie in Ginza, dem megateuren Tokioter Stadtteil, ist dafür bekannt, dass das Telefon sofort aufgelegt wird, wenn der Anrufer Englisch spricht oder ein unzureichend höfliches Japanisch.

In so einem Restaurant gibt es nur eines: Sie wählen *Omakase*, das bedeutet, Sie bitten den Küchenchef, für Sie die Wahl zu treffen. Lernen Sie die Spezialität des Hauses kennen, die man nicht bestellt, aber mit gebührenden *Ahs!* und *Ohs!* würdigt, wenn sie einem serviert wird. Es liegt jetzt ganz bei Ihnen, unter den gestrengen Augen des Meisters hinter der Theke zu bestehen. Denken Sie daran, dass Sie ständig beobachtet werden. Selbst das Eintauchen eines Sushis in Sojasauce gilt als Affront. Sojasauce wird mit serviert, aber das gilt als großzügige Geste des Hauses, als Angebot, das man unter keinen Umständen annehmen darf. Es ist so gut wie unmöglich, sämtliche Situationen aufzuzählen, in denen man sich in so einem Lokal zum Narren machen kann, also wäre es wohl das Vernünftigste, dass Sie einen guten Freund bitten, mit Ihnen dorthin zu gehen – am besten einen, der vor Ort lebt und in dem Restaurant kein Unbekannter ist. Und dann gilt: Beobachten Sie die anwesenden Gäste genau, verfolgen Sie jede ihrer Bewegungen und beten Sie, dass die genau wissen, was sie tun.

So wie ein mörderisches Training mit einem Kung-Fu-Meister kann solch ein Mahl zur transzendentalen Erleuchtung führen – und sehr kostspielig sein.

2 Kochen wie ein Foodie

Kaufen Sie die besten Produkte, die Sie sich leisten können

Auch Menschen, die gerne gut essen, haben keine Lust, tagtäglich ins Restaurant zu gehen. Ob Foodie oder nicht, jeder schafft es, ein paar Zutaten in einen Topf zu werfen und sich etwas zu kochen. Wenn man nicht zu den Glücklichen gehört, die entweder reich genug sind, um sich rund um die Uhr einen Privatkoch zu leisten oder wenigstens einen Partner haben, der das alles für sie erledigt, muss man eben selber kochen, um nicht zu verhungern. Dem einen oder anderen Foodie macht das sogar Spaß.

Kochen muss keine lästige, langweilige Pflicht sein. Es wird höchste Zeit, dass wir kochen und denken lernen wie ein Foodie, unser Küchenleben kräftig aufpeppen und den sprichwörtlichen Tick besser werden. Wie wär's mit einem Michelin-Stern für Ihre Privatküche?

Der erste Schritt auf dem Weg zu einem Foodie, das wird Ihnen jeder Küchenchef predigen, ist der Einkauf der besten Produkte, die Sie sich leisten können. Denn große Küche fängt bei erstklassigen Zutaten an. Schlechte Produkte brauchen oft viel Fett, Zucker und Salz zur geschmacklichen Aufbesserung. Sie glauben mir nicht? Dann kaufen Sie sich mal einen Big Mac und beißen Sie hinein. Ein Biss vom ganzen Burger schmeckt gar nicht einmal so schlecht: Leckeres Fleisch, eine süßliche Sauce, ein knackiges Salatblatt. Dann probieren Sie jede Zutat einzeln: Das Fleisch schmeckt nach nichts, das Brötchen ist schwammig und durchweicht, der Salat wässrig. Alles zusammen wird erst durch die Zugabe von fettem Schmelzkäse und süßsauren Saucen genießbar. Denken Sie dagegen an das letzte Mal, als Sie ein herrliches Steak oder ein einfaches Brathähnchen vor sich hatten. Beide waren wahrscheinlich nur mit etwas Salz und Pfeffer gewürzt.

Kaufen Sie sich ein gutes Freilandhähnchen, das ein glückliches Leben hatte, und vergleichen Sie es mit einem dieser typischen billigen Supermarkthähnchen. Sie werden den Unterschied in Geschmack und Textur sofort feststellen. Kaufen Sie gutes Fleisch von artgerecht aufgezogenen und geschlachteten Tieren anstatt von solchen, die in zu engen Ställen gehalten und intensiv mit Getreide gemästet wurden. Wenn es Ihnen nicht vor allem darum geht, die Leiden der Tiere und die nachteiligen Auswirkungen dieser Aufzuchtmethoden auf die Umwelt zu mildern, dann tun Sie es wenigstens für den Geschmack. Das gilt auch für Rinder aus Massentierhaltung: Sie wachsen zu schnell, um ausgereiftes, wohlschmeckendes Muskelfleisch entwickeln zu können. Und kaufen Sie frisches Gemüse, das Sie nicht mit viel Butter und Zucker garen müssen, damit es nach etwas schmeckt. Wohlgemerkt ist nichts

falsch daran, Butter dazuzugeben, aber Sie sollten das nur tun, weil Sie das möchten und nicht, weil Sie keine andere Wahl haben.

Ich will hier keineswegs eine dieser unlösbaren Debatten über überteuerte Bioprodukte anstoßen, die sich „normale“ Leute mit „normalem“ Budget nicht leisten können. Ich kann die Sorge, ob das Geld reicht, gut nachempfinden (schließlich war ich selbst einmal eine hungerleidende Studentin). Ich gebe auch zu, dass ein billigeres Huhn aus dem Supermarkt, das mit frischem Gemüse und viel Liebe in der heimischen Küche zubereitet wird, entschieden besser schmeckt als irgendein tiefgekühltes Fertiggericht. Wenn es darum geht, entweder ein konventionell aufgezogenes Huhn zu kaufen oder gar keine Proteine zu essen, dann vergessen Sie ruhig das Bio-Label. Dennoch möchte ich darauf hinweisen, dass der Kostenvergleich für Hühner aus biologischer und aus konventioneller Aufzucht kein simpler Vergleich zweier Zahlen ist. Jetzt ist aber Schluss mit klugen Reden, gehen wir zurück in die Küche, okay?

Wenn wir von erstklassigen Produkten sprechen, kommen wir an der Speisekammer nicht vorbei. Es spielt keine Rolle, wie viel Sie auf dem lokalen Wochenmarkt für Ihren makellosen Salat bezahlt haben. Wenn Sie ihn mit minderwertigem Olivenöl anmachen, wird daraus nur ein zweitklassiger Star, der so tut, als sei er in seinem fragwürdigen Outfit eine Schönheit.

Überprüfen Sie mal die Vorräte in Ihrer Speisekammer. Wie alt ist das Olivenöl? Oder der Senf? Der Essig? Sie wären überrascht, wie viele Menschen Produkte einfach kaufen und dann damit kochen, ohne sie vorher im Einzelnen gekostet zu haben. Schmeckt zum Beispiel Ihr Olivenöl einfach nur fettig und erinnert im Geruch an Erdöl? Wenn es schon eine Weile in Ihrer Speisekammer gestanden hat, sollte es vielleicht ausgetauscht werden. Wie alt sind der Knoblauch, die Zwiebeln, die Schalotten? Sind sie so alt, dass sie bereits grüne Keime treiben? Nehmen Sie eine Knoblauchzehe und schlagen Sie fest mit dem flachen Messer darauf. Hören Sie ein empörtes Knacken oder nur ein leises Wimmern? Werfen Sie den wimmernden alten Knoblauch weg – von dem bekommen Sie nur Sodbrennen.

Mit einem Vorrat guter Pasta, Dosentomaten und vielleicht einem mit Basilikum aromatisierten Olivenöl kann man jederzeit im Handumdrehen ein leckeres Nudelgericht auf den Tisch bringen. Das Gleiche gilt für Anchovis oder für dicke Kapern. Und als Asiatin habe ich immer mindestens drei Sorten Reis in meiner Speisekammer.

Eine Liste mit den Produkten, die man immer vorrätig haben sollte, lässt sich nur schwer zusammenstellen, weil jeder anders kocht.

Glauben Sie mir, es gibt eine Menge Dinge, die ich als Must-Haves in meiner Küche empfinde, von denen Sie aber nicht einmal wüssten, wie man sie buchstabiert, geschweige denn, wofür sie gut sind. Die bessere Lösung wäre, Sie überlegen selber, was und wie Sie gerne kochen, dann können Sie Ihre persönliche Liste mit den Lebensmitteln aufstellen, die Sie regelmäßig verwenden. Und achten Sie beim Einkauf darauf, dass Sie die qualitativ hochwertigsten Produkte nehmen, die Sie sich leisten können. Wie Sie sehen, kann jeder auf seine Weise ein Foodie sein.

Werden Sie ein Markt-Fan

Bekennen Sie sich als Fan und entdecken Sie wieder den Groupie in sich, wie damals in Ihrer Teenagerzeit. Foodie-Groupies ziehen natürlich nicht ihr bestes Oasis-T-Shirt an und fallen gleich in Ohnmacht, wenn Liam Gallagher die Bühne betritt, aber bei einem flüchtigen Blick auf Randolph hinter der Theke in „Neal's Yard Dairy" im Londoner Borough Market könnte das schon passieren.

Spaß beiseite. Der beste Weg, etwas über gute Produkte und deren Verwendung in der heimischen Küche zu lernen, ist, sich mit den Leuten anzufreunden, die sie verkaufen, sei es in Ihrem Supermarkt, in einem Delikatessengeschäft, auf Bauernmärkten oder gleich bei den Erzeugern selbst. Machen Sie Leute ausfindig, deren Produkte Sie schätzen, und unterstützen Sie sie als treue Kundin. Stellen Sie Ihnen Fragen und geben Sie ihnen Feedback. Menschen, die mit Leidenschaft kochen und essen, möchten immer gern ihr Wissen mit anderen teilen. Haben Sie mal bemerkt, wie viele Foodblogs es im Internet gibt? Wir Foodies sind ein kommunikatives Völkchen.

Ich bin fest davon überzeugt, dass man die Geschäfte und Erzeuger unterstützen muss, die hervorragende Nahrungsmittel für unseren Esstisch liefern. Im Gegenzug habe ich viel Nützliches von ihnen gelernt. Als ich vor knapp zehn Jahren nach San Francisco zog, gab es da einen kleinen Käseladen, ein paar Blocks hügelabwärts von meinem Appartement in Pacific Heights. Der Laden war so klein, dass ich mich fragte, wie er es schaffte zu überleben, und leider tat er das auch nicht. Eines Tages stellte ich im Vorbeigehen fest, dass er endgültig geschlossen worden war. Ich war geschockt. Okay, der Besitzer war ein grantiger Franzose und der Laden roch oft wie stinkige alte Socken, aber besseren Käse konnte ich nirgends finden, auch auf den lokalen Märkten nicht. Glücklicherweise wurde ein paar Wochen später ein neuer Käseladen eröffnet, und statt des mürrischen Franzosen stand eine muntere

Verkäuferin hinter der Theke. Ihr Name war Peggy. Ich wurde ihre Stammkundin.

Das Gespenst schrecklicher, schwitziger, eingeschweißter Käse im Supermarkt verfolgte mich immer noch, deshalb war ich fest entschlossen, mein Möglichstes zu tun, um diesen kleinen Käseladen am Leben zu erhalten. Als Single kaufte ich nie viel Käse auf einmal, aber ich war eine regelmäßige Kundin. Peggy war entzückend. Ihre Passion für die Produkte, die sie verkaufte, war spürbar und ansteckend. Sie gab mir immer ein Stückchen von diesem oder jenem Käse zu kosten, sodass ich bei jedem Einkauf etwas dazulernte. Mit ihrer Hilfe habe ich mich ziemlich schnell von der Meinung verabschiedet, Cheddar sei jener dubiose orangefarbene Käse, den man aus seiner Plastikhülle schält und in einen Burger gibt. Stattdessen lernte ich die feinen Unterschiede zwischen Keen's und Montgomery's Cheddar kennen. Diese Art Wissen erlernt man nicht aus einem Buch. Mit der Zeit sah ich in Peggy so etwas wie meine Käsepatin. Schließlich fand ich heraus, dass meine gute Käsefee nicht irgendeine Peggy war, sondern Peggy Smith, eine der beiden Gründerinnen des heutigen Mini-Käseimperiums Cowgirl Creamery in San Francisco. Peggy war viele Jahre lang meine Eintrittskarte zu man-

chem Foodie-Treffen in San Francisco und Umgebung. Durch sie bin ich zu einem besseren Foodie geworden, und dafür werde ich ihr immer dankbar sein. Finden Sie Ihre Peggy, dann werden Sie das auch.

Lernen Sie kochen, statt nur Rezepte zu befolgen

Malen nach Zahlen beschert Ihnen noch keinen Rembrandt, so wie Kochen nach Rezepten Ihnen keinen Michelin-Stern einbringt. Der legendäre französische Küchenchef Alain Chapel hat Rezepte einmal mit einem Gefängnis verglichen. Nein, nicht so eines mit gestreiften Uniformen. Er meinte wahrscheinlich nur ein Gefängnis, das die Fantasie und die Kreativität einengt. Mein Freund Daniel Patterson, der wortgewaltige Chef des Restaurants „Coi" in San Francisco, behauptet, das sklavische Befolgen eines Rezeptes sei wie das Fahren mit eingeschaltetem Navi. Da heißt es, rechts oder links abbiegen, ein *cup* hiervon und einen Teelöffel davon hinzufügen, aber wenn letztendlich das System versagt, hat man keine Ahnung, wie man wieder zurück nach Hause findet oder die Suppe auf den Tisch bringt.

Rezepte sind oft in einem nahezu klinischen Stil geschrieben. Vor allem hasse ich so übergenaue Anweisungen, dass man *dieses* genau 5 Minuten kochen und dann *exakt* drei Esslöffel von *jenem* hinzufügen soll. Wie wollen die denn wissen, ob 5 Minuten bei „mäßiger" Hitze auf meinem Herd dasselbe ist wie auf ihrem? Ich bin zwar keine Wissenschaftlerin, aber meine bescheidenen Kenntnisse sagen mir, dass eine Menge Faktoren dagegensprechen wie die Dicke des Pfannenbodens, die Hitzeentwicklung auf dem Herd, die Temperatur der Nahrungsmittel selbst, um nur einige zu nennen. Außerdem werden bei präzisen Mengenangaben für Gewürze weder der individuelle Geschmack noch persönliche Vorlieben berücksichtigt. Ich bevorzuge Rezepte, in denen ausdrücklich erklärt wird, was geschehen könnte und warum, die uns auffordern, zu kosten und darauf zu achten, wie sich die Produkte während der Zubereitung verändern.

Mein Freund der Jazztrompeter Wynton Marsalis ist davon überzeugt, dass nur derjenige ein großer Musiker werden kann, der das Vokabular aller großen Musiker vor ihm verstanden hat und so in der Lage ist, auf die jeweilige Band zu reagieren und weiter zu improvisieren. Das Kochen ähnelt einer Jazz-Session: Der Erfolg einer Speise hängt weitgehend von der Qualität der Improvisation ab. So wie Jazzmusiker ein Stück nicht Note für Note vom Blatt spielen, sollten Köche ein Rezept nicht buchstabengetreu befolgen.

Damit will ich nicht sagen, dass Rezepte vollkommen nutzlos sind. Selbst große Jazzmusiker komponieren nicht bei jedem Auftritt ein vollkommen neues Stück. Gute Rezepte sind eine Orientierungshilfe, sie geben die Richtung vor wie auf einer Straßenkarte, sie erklären, womit man zu rechnen hat, und zeigen, wie man einem Gericht ein bestimmtes Aroma und die gewünschte Konsistenz geben kann. Dann liegt es ganz bei einem selbst, wie man den gegebenen Bedingungen entsprechend improvisiert.

Der beste Weg, Ihr Kochvokabular zu erweitern, ist zu kochen. Probieren Sie zunächst ein paar Grundrezepte aus. Lernen Sie, wie man ein Hähnchen brät, Fisch gart oder Kuchenteig anrührt. Betrachten Sie jedes Rezept als Lehrmeister für eine bestimmte Technik. Lernen Sie, wie man am Aussehen oder am Geruch erkennt, ob das Huhn im Ofen schon gar ist. Lernen Sie, wie man per Fingerdruck den Garpunkt eines Steaks prüft: Niemand kann Ihnen genau sagen, wie sich das anfühlt; Sie müssen es selber ausprobieren und schließlich ein Gefühl dafür entwickeln.

Lektion 1: Wie man ein Huhn brät

Wenn man Segeln lernen will, muss man zunächst lernen, ein kleines Boot zu rudern. Kein Lehrbuch kann einem annähernd so gut das Gefühl vermitteln, Teil der Strömung, des Windes und des Meeres zu sein, wie ein kleines Ruderboot.

Kochen zu lernen ist ein vergleichbarer Prozess. Kein Rezept kann die Zubereitung einer Speise in allen Einzelheiten so genau beschreiben, dass man es nur noch befolgen muss. Erst durch Erfahrung bekommt man ein Gefühl für die Speisen während ihrer Zubereitung. Fangen wir also mit etwas Einfachem an. Von einem Huhn, das nur mit etwas Salz und Pfeffer gewürzt gebraten wird, werden Sie eine Menge lernen. Sie werden den Erfolg schmecken, und wenn etwas schiefgelaufen ist, schmecken Sie das auch. Sie werden lernen, wie man flexibel mit einem Rezept umgeht, denn kein Huhn gerät wie das andere, und auch Backöfen benehmen sich unterschiedlich. Einem Rezept sklavisch zu folgen, heißt nicht unbedingt, dass alles gelingt. Sie müssen lernen, Ihre Augen, Ihre Ohren und Ihre Nase zu benutzen und das Rezept Ihren Bedingungen anzupassen. Dann werden Sie schon bald erkennen, ob ein Huhn gar ist, und zwar daran, wie es riecht oder wie es sich bewegt, wenn Sie vorsichtig an einer Keule ziehen.

Das perfekt gebratene Hähnchen

Jeder Foodie, der diese Bezeichnung verdient, muss wissen, wie man ein Hähnchen brät. Damit meine ich nicht, dass es reicht zu wissen, wie das geht, sondern wie man es *richtig* brät, bis die Haut herrlich goldbraun und knusprig ist. Jeder große Küchenchef hat dafür seine eigene Methode. Von Thomas Keller gibt es nicht weniger als drei Rezepte für Brathähnchen; in einem soll die Haut mit Unmengen des kostspieligen Fleur de Sel eingerieben werden. In Alain Passard's Pariser Drei-Sterne-Restaurant „L'Arpège" werden Hähnchen nicht im Ofen gebraten, sondern auf dem Herd, wo sie fortwährend gedreht und liebevoll mit gesalzener Butter aus Alains bretonischen Heimat begossen werden. Alains Brathähnchen sind göttlich, aber im Gegensatz zu ihm habe ich nicht die Geduld – und auch nicht den Teilkoch –, um die ganze Zeit neben dem Bräter zu stehen und das Hähnchen zu drehen und zu wenden und zu begießen, bis es rundherum goldbraun ist.

Meine Offenbarung in Sachen Brathähnchen war die Entdeckung der besten Garmethode, die es überhaupt gibt: der *Méthode Robuchon*.

Ich habe sie von Patricia Wells gelernt, nicht von ihr persönlich, aber von ihrem Buch *Simply French*. Diese Methode ist das Nonplusultra für meine Hähnchen. Falsch! Sie ist das Nonplusultra für alle Hähnchen.

Das Geniale an der *Méthode Robuchon* sind weder die Gewürze noch die Beilagen – all die raffinierten Füllungen und Saucen finden Sie bei Alain Ducasse. Bei Robuchon geht es allein um die Technik der Zubereitung. Das Hähnchen wird zunächst auf einer Keulenseite liegend gebraten, dann auf die andere Keulenseite gedreht und schließlich mit der Brust nach oben fertig gegart. Auf diese Weise werden zuerst die Schenkel gebraten, die Haut ist in direktem Kontakt mit der Hitze und wird schön knusprig. Die Brust wird erst zum Schluss gegart und bleibt dadurch zart und saftig. Das fertig gebratene Hähnchen soll vor dem Tranchieren in einer bestimmten Position ruhen, nämlich mit der Brust nach unten und dem Bürzel nach oben, damit der ganze Fleischsaft nach unten fließt und sich im Brustfleisch verteilt.

So einfach ist das. Ganz gleich, welche Gewürze Sie verwenden oder wie groß das Hähnchen ist oder welche Aromaträger Sie mitgaren – diese Methode funktioniert immer. Glauben Sie mir. Probieren Sie sie aus und auch Sie werden ihr Fan. Bravo Robuchon! (Und *Brava Madame Wells!*)

Im Lauf der Jahre habe ich dem Rezept meine persönliche Note aufgedrückt und ein paar leckere Ideen von anderen berühmten Küchenchefs und großen Köchen übernommen (und/oder geklaut). Meine hauptsächliche Veränderung betrifft das Hähncheninnere. Monsieur Robuchon empfiehlt nur das Würzen mit Salz und Pfeffer, aber ich plädiere für eine Füllung. Keine raffinierte, die *à la Ducasse* mit serviert wird, beileibe nicht. Ich nehme nur eine Zwiebel und vielleicht ein paar Kräuter oder Aromazutaten für den Geschmack und um zu vermeiden, dass das Brustfleisch trocken wird. Den Trick habe ich von dem amerikanischen Ernährungswissenschaftler und Autor Harold McGee. Er erklärt, dass ein hohles Hähnchen nicht nur von außen nach innen gart, sondern auch von innen nach außen, besonders im Brustbereich. Die Füllung in der Bauchhöhle verhindert, dass die heiße Luft frei zirkuliert und das Brustfleisch von innen austrocknet. Das leuchtet ein, nicht wahr.

Etwas sollte noch erwähnt werden, bevor Sie das Unternehmen Brathähnchen starten: die Qualität des rohen Produktes. Als Franzose setzt Monsieur Robuchon einfach voraus, dass ein Hähnchen von guter Qualität ist. Ich bezweifle, dass er jemals ein deutsches oder britisches Supermarkt-Hähnchen probiert hat. Labbriges, blasses, wässriges

Fleisch, das allerhöchstens noch dazu taugt, paniert in einer Fastfood-Fritteuse zu landen. Damit fangen wir gar nicht erst an. Für ein perfekt gebratenes Hähnchen braucht man ein perfektes Hähnchen, oder zumindest eines, das dem sehr nahe kommt. Ich empfehle Ihnen, ein (vormals) glückliches Hähnchen zu kaufen, das sein Leben hauptsächlich im Freien verbracht und in Gottes gutem Erdboden gescharrt hat. Ein Hähnchen, das korrekt gefüttert wurde, ohne Antibiotika, Wachstumshormone und all die anderen ominösen Substanzen, die man lieber nicht in seinem Körper haben will.

Sie brauchen auch kein spezielles Gargeschirr. Kaufen Sie nicht extra einen Bratrost oder ein teures Bratblech. Ich nehme einfach eine rechteckige feuerfeste Glas- oder andere Bratform, in die das Hähnchen gerade hineinpasst. Aber ich empfehle Ihnen den Kauf einer Bratenpipette, das ist so ein röhrenförmiges Gerät, mit dem man den Fleischsaft aufsaugen und das Hähnchen damit beträufeln kann, damit es schön zart und saftig bleibt. Man braucht sie nicht unbedingt für ein perfektes Resultat, aber sie erspart einem das umständliche Schöpfen des brodelnd heißen Fleischsaftes mit einem Löffel.

Zutaten für ein perfekt gebratenes Hähnchen

1 Hähnchen von guter Qualität, etwa 1,5 kg schwer
3 EL weiche Butter
1–2 EL gutes Salz und reichlich schwarzer Pfeffer aus der Mühle
1 mittelgroße Zwiebel
1–2 Knoblauchknollen, nach Geschmack
einige frische Zweige Thymian und Rosmarin

FÜR DEN BRATENSAFT
Salz und Pfeffer, nach Geschmack
120 ml | ½ cup Rotwein oder Wasser (oder einige Spritzer Vermouth)
1 TL Rotwein- oder Sherryessig
1 kleines Stück Butter

Zunächst den Backofen auf 220 °C vorheizen. Das Hähnchen kurz abspülen und mit Küchenkrepp sorgfältig trocken tupfen. Großzügig mit weicher Butter einreiben. (Wenn die Butter direkt aus dem Kühlschrank kommt, kurz in die Mikrowelle stellen). Massieren Sie den Vogel regelrecht, „mit Liebe“, würde die amerikanische Kochbuchautorin Julia Child sagen. Wenn man geduldig (und geschickt) genug ist, kann man mit den Fingern vorsichtig unter die Haut fahren, um sie vom Fleisch zu lösen. Dieser Schritt ist nicht jedermanns Sache. Man muss sehr behutsam vorgehen und aufpassen, dass die Haut nicht einreißt; wenn man sich unsicher fühlt, soll man es lieber lassen, das Hähnchen wird trotzdem gelingen. Jetzt innen und außen mit reichlich Salz kräftig einreiben. Zum Schluss rundherum mit reichlich frisch gemahlenem Pfeffer bestreuen.

Monsieur Robuchon empfiehlt, das Hähnchen zu dressieren. Als Nobelkoch tut er das natürlich. Ich tue es hin und wieder, aber wenn Sie der bloße Gedanke, Ihrem Hähnchen Fesseln anzulegen, abschreckt, lassen Sie es ruhig bleiben. Allerdings kann man ein dressiertes Hähnchen leichter wenden. Wenn Sie nicht wissen, wie das geht, nehmen Sie einfach zwei Fäden Küchengarn; mit dem einen ziehen Sie die beiden Keulenenden eng zusammen und verknoten sie, mit dem anderen binden Sie die Flügel fest an die Brust. Sie schaffen das. Bemühen Sie Ihre Fantasie!

Für eine einfache schnelle Füllung nehme ich nur eine geviertelte Zwiebel. Wenn ich Porree dahabe, kann ich den oberen grünen Teil der Stangen verwenden, der taugt sowieso nur für eine Suppe. Manchmal nehme ich auch halbierte Zitronen. Was immer Sie zur Hand haben und was einen guten Geschmack verleiht, ist geeignet. Frische Kräuter gebe ich immer dazu, zum Beispiel ein paar Zweige Rosmarin, Thymian oder Estragon, je nach dem, was ich gerade dahabe. Ein bis zwei Knoblauchzehen (manchmal auch 20) gehören bei mir ebenfalls hinein.

Den Boden einer Bratform zur Sicherheit mit ein wenig Butter bestreichen. Das Hähnchen hineingeben, und zwar so, dass es auf einer Keule liegt. Den Hals, falls er mitgegeben wurde, danebenlegen. Ein bis zwei Knoblauchknollen quer durchschneiden und mit den Schneidflächen nach oben in die Form legen. Ein paar Zweige Rosmarin und Thymian dazugeben.

Die Form mit dem auf der Seite liegenden Hähnchen in die Mitte des Backofens schieben. Nach etwa 30 Minuten herausziehen, das Hähnchen mit dem ausgetretenen Bratensaft begießen, vorsichtig auf die andere Keule drehen und weitere 30 Minuten braten lassen. Dann so drehen, dass die Brust nach oben zeigt. Erneut begießen und noch 20 Minuten weitergaren. Zum Wenden benutze ich immer zwei große Holzlöffel, weil sie im Gegensatz zu einer Metallzange die Haut nicht verletzen.

Nach Ablauf der 20 Minuten prüfen, ob das Hähnchen gar ist. Dazu mit einem Metallspieß oder der Spitze eines Messers in den dicksten Teil einer Keule stechen. Ist der austretende Saft klar, ist das Hähchen durchgegart. Ist er noch rötlich, die Hitze auf 190 °C herunterdrehen und weitergaren lassen, bis der austretende Saft klar ist. Das braucht im Allgemeinen noch 10–20 Minuten, je nach Größe des Hähnchens. Das fertige Hähnchen herausnehmen, den Backofen ausschalten.

Das Hähnchen aus der Bratform heben und behutsam auf eine große Platte legen, mit der Brust nach unten und dem Bürzel nach oben. Das sieht zwar etwas unanständig aus, aber den Vogel stört das nicht mehr. Das Hähnchen mit einer oder zwei umgedrehten Kaffeetassen in der gewünschten Position halten, damit der Saft nach unten in das Brustfleisch läuft, während das Hähnchen ruht. Das muss aber nicht unbedingt sein. Ich gebe ehrlich zu, dass ich diesen Teil oft überspringe.

Das Hähnchen locker mit Alufolie abdecken, um es warm zu halten. Entweder auf die Arbeitsfläche stellen oder in den ausgeschalteten (!) Ofen bei leicht geöffneter Tür. Das Hähnchen muss vor dem Tranchieren mindestens 10 Minuten ruhen.

In der Zwischenzeit kann man schnell eine Jus oder eine Sauce zubereiten. (Macht es Sie weniger kopfscheu, wenn ich Bratensoße sage?). Welchen Namen Sie ihr auch geben, sie ist supereinfach und Ihr Hähnchen wird es Ihnen danken.

Zunächst die halbierten Knoblauchknollen herausnehmen und als spätere Beilage beiseitelegen. Die Bratform bei mittlerer Hitze auf den Herd stellen. Mit einer beliebigen Flüssigkeit ablöschen. Oft gieße ich ein halbes Glas Rotwein an (wenn ich welchen dazu trinken werde), manchmal auch nur einen kleinen Schuss Vermouth. Zur Not tut es auch Wasser. Wenn ich mit Vermouth ablösche, gebe ich sowieso immer etwas Wasser dazu. Den ultimativen Trick habe ich von meinem Partner David Kinch gelernt: Zum Schluss einen Spritzer Rotwein- oder Sherryessig dazugeben, das intensiviert das Aroma und mildert den Salzgeschmack der Sauce. Den ganzen köstlichen Bratensatz, der am Boden der Bratform klebt, losschaben. Das überschüssige Fett abschöpfen. Wenn alles losgekocht ist, die Hitzezufuhr drosseln und die Sauce ein paar Minuten köcheln lassen, bis sie sämig ist.

Die fertige Sauce durch ein Sieb in eine Sauciere gießen. Und wenn Sie so richtig dekadent schlemmen wollen, geben Sie vorher noch ein Stück Butter in die Sauce (die Größe bestimmen Sie selber) und schwenken die Bratform, damit die Butter vor dem Passieren schmilzt.

Servieren Sie das Hähnchen mit Beilagen Ihrer Wahl.

Einfache Röstkartoffeln

Ich gare die Kartoffeln nicht gern in der gleichen Form wie das Hähnchen, weil sie das Karamellisieren verhindern, das ich später unbedingt für die Sauce brauche. Dennoch kann man mit dem folgenden Rezept wunderbar Kartoffeln „rösten" – außen knusprig und innen vollgesogen mit dem ausgetretenen Bratensaft. Während das Hähnchen im Ofen gart, bereitet man die Kartoffeln vor und brät sie, wenn es vor dem Anschneiden ruht.

Für vier Personen braucht man etwa ein Kilogramm. Ich nehme junge Kartoffeln mit einem Durchmesser von höchstens fünf Zentimeter. Die geschälten Kartoffeln in eine große Bratpfanne geben, in der alle nebeneinanderliegen können, und mit Wasser bedecken. Einige Prisen Salz und etwa zwei Esslöffel Butter hinzufügen. Die Pfanne auf den Herd stellen und bei starker Hitze aufkochen. Temperatur auf mittlere Hitze reduzieren und die Kartoffeln gar köcheln lassen. Das dauert 20–30 Minuten, je nach Größe der Kartoffeln. Das Kochwasser abgießen, die Kartoffeln in der Pfanne lassen.

Wenn das Hähnchen gar ist und ruht, etwas Fett aus dem Bratblech abschöpfen und beiseitestellen. Die Kartoffeln mit der Unterseite eines Glases oder einer Tasse leicht zerdrücken. Das abgeschöpfte Fett über die Kartoffeln gießen und, je nach Geschmack, ein bis zwei Teelöffel Butter dazugeben. Den Herd wieder auf starke Hitze stellen und die Kartoffeln braten, bis sie auf beiden Seiten knusprig braun sind. Mit etwas Salz und ein paar Drehungen aus der Pfeffermühle würzen und zusammen mit dem gebratenen Hähnchen servieren.

Pad Thai für Anfänger

Das erfolgreichste Rezept, das ich je in mein Blog Chez Pim gestellt habe, ist mein Rezept für Pad Thai. Ich habe es Pad Thai für Anfänger genannt. Ich habe viele hundert E-Mails und Kommentare von Lesern bekommen, die es nachgekocht haben und von dem Ergebnis begeistert sind. Der Begriff Pad-Thai-Rezept ist im Grunde nicht korrekt. Eigentlich handelt es sich nämlich um ein Antirezept, ein perfektes Beispiel dafür, worum es beim Kochen geht. Es beweist, was ich hier bereits gesagt habe: Der Schlüssel zur Zubereitung eines gelungenen Pad Thai ist das genaue Verstehen des Garprozesses und nicht das genaue Befolgen präziser Angaben. Im Gegensatz zur westlichen Welt sind in Asien die Zutaten nicht standardisiert. So sind beispielsweise verschiedene Fischsaucen-Marken unterschiedlich salzig, manche Palmzucker süßer als andere. Genaue Mengenangaben sind deswegen ganz besonders schwierig.

Wenn Sie ein gutes Pad Thai zubereiten wollen, müssen Sie mit vier Dingen vertraut sein: dem Wok, der Sauce, den Zutaten und dem Garprozess.

Der Wok

Ich gehe mal davon aus, dass Sie einen gut eingebrannten Wok haben. Falls nicht, besorgen Sie sich einen oder verwenden Sie eine hochwandige Bratpfanne mit mindestens 28 bis 30 Zentimeter Durchmesser. Ist Ihr Wok noch ganz neu, müssen Sie ihn erst einbrennen* (siehe weiter unten).

Der Unterschied zwischen einem korrekt zubereiteten, kross gebratenen Pad Thai und einem klebrigen Klumpen pappiger Nudeln, der in einer unappetitlichen Sauce schwimmt, liegt in der Hitze des Woks. Die meisten Woks werden aus dünnem Karbonstahl hergestellt, und mit der Zeit setzen sie an den Innenwänden eine Patina an, die allen Speisen das typische, wunderbar rauchige Wok-Aroma verleiht, den „Atem des Wok", wie man es im kantonesischen China nennt. Karbonstahl ist ein guter Wärmeleiter, speichert die Wärme aber nicht gut. Das ist sehr wichtig, weil nicht mehr als zwei Portionen auf einmal zubereitet werden sollen. Genau so machen es die Pad-Thai-Verkäufer in Bangkok.

*** DAS EINBRENNEN EINES WOKS:** Es gibt mehrere Möglichkeiten, einen Wok einzubrennen. Ich mache es so: Zunächst 250 Milliliter/ein *cup* Öl in den Wok geben. Den Wok schwenken, damit die Innenwände vollständig mit einem Ölfilm überzogen werden. Den Wok auf den Herd stellen und stark erhitzen, bis er raucht; immer wieder schwenken, um den Ölfilm zu erhalten, und ein paar Minuten lang rauchen lassen. Den Wok vom Herd ziehen und das heiße Öl vorsichtig entfernen. Eine Tasse grobkörniges Salz hineingeben und mit einem sauberen Lappen den ganzen Wok innen damit ausreiben. Das Salz entfernen und den Wok mit einem feuchten Tuch säubern. Wenn man möchte, kann man ihn ausspülen. Den Wok innen mit Küchenkrepp leicht einölen. Jetzt ist er eingebrannt und fertig für den Gebrauch.

Um Ihrem Pad Thai ein rauchiges Aroma zu verleihen, dürfen Sie mit dem Kochen erst beginnen, wenn der Wok rauchend heiß ist. Das muss er auch während des gesamten Garprozesses bleiben. Daher sollten die Zutaten so weit wie möglich Raumtemperatur haben, damit sie die Hitze im Wok nicht senken, wenn sie hineingegeben werden.

Die Sauce

Noch etwas können wir von den Straßenverkäufern in Bangkok lernen: Sie bereiten ihre Pad-Thai-Sauce vorher zu. Das verkürzt nicht nur die Zubereitung im Wok, es ermöglicht auch, dass man das Aroma der Sauce genau auf seinen Geschmack abstimmen kann. Aber wie, bitte schön, soll das gehen, wenn man ständig zwischen Saucentopf und Wok hin und her jongliert, um ja nicht den richtigen Garpunkt für die Garnelen oder die Nudeln zu verpassen!

Eine Pad-Thai-Sauce besteht aus vier Zutaten, die die traditionellen Aromen der Thai-Küche harmonisch ausbalancieren: Tamarindenpaste (sauer), Fischsauce (salzig), Palmzucker (süß) und thailändisches Chilipulver oder Chilischoten (scharf). 500 Milliliter (zwei *cups*) der Sauce sind ausreichend für sechs bis acht Pad-Thai-Portionen. Es ist gleich, wie viel Sauce Sie zubereiten, sie hält sich wunderbar mehrere Wochen im Kühlschrank. Ich habe immer einen ausreichenden Vorrat zu Hause, um jederzeit plötzlich auftretende Pad-Thai-Gelüste schnell befriedigen zu können.

Für etwa 500 Milliliter / zwei *cups* Sauce braucht man zunächst jeweils 125 Milliliter / ½ *cup* Tamarinde** (siehe Zubereitung von Tamarindenpaste weiter unten), Fischsauce und Palmzucker. Wenn man statt des Palmzuckers braunen Zucker nimmt, sind 80 Gramm / ⅓ *cup* ausreichend. Alles zusammen in einem Stieltopf bei niedriger Hitze schmelzen. Den persönlichen Vorlieben entsprechend abschmecken.

Dann das Chilipulver hinzufügen, zunächst nur einen oder zwei Teelöffel, nach und nach mehr dazugeben, bis der gewünschte Geschmack erreicht ist. Während des Abschmeckens köcheln lassen. Anschließend die Sauce vom Herd ziehen und ruhen lassen, während man sich den anderen Zutaten widmet.

Ich persönlich mag es, wenn die Sauce im Vordergrund salzig schmeckt, gefolgt von einer milden Säure, dann einer leichten Süße und schließlich einer zarten Schärfe im Rachenraum. Das fertige Pad Thai wird mit einer dünnen Scheibe Limette und einem Schälchen Chilipulver serviert, von dem sich jeder bei Tisch selber etwas untermischen kann, daher sollte man diese beiden Aromen bei der Saucenzubereitung sehr zurückhaltend einsetzen. Aber auf keinen Fall darf die Sauce zu süß geraten, denn das ist später nur schwer zu korrigieren.

**ANMERKUNG ZU TAMARINDE: Man kann Tamarinde in Würfeln oder als fertige Paste in Kunststoff- oder Glasbehältern kaufen. Wenn Sie keinen Laden in der Nähe haben, der Tamarinde führt, können Sie per Internet welche bestellen. Bei der fertigen Paste sollten Sie darauf achten, das sie nur Tamarinde und Wasser enthält, keinen Zucker oder sonstige Ingredienzen. Wenn Sie Tamarinde in Würfeln kaufen, weichen Sie sie in einer großen Schüssel in einem Liter / vier *cups* heißem Wasser so lange ein, bis das Wasser so weit abgekühlt ist, dass Sie problemlos hineinfassen können. Vermengen Sie mit den Händen („makellos sauberen Händen", würde Julia Child sagen) Tamarinde und Wasser, bis eine Konsistenz von leicht verdünntem, zimmerwarmem Ketchup erreicht ist. Gießen Sie im Bedarfsfall etwas heißes Wasser nach. Seihen Sie anschließend das Gemisch ab, um Kerne und harte Häutchen auszufiltern. Wegen ihrer Konsistenz muss die Paste durch das Sieb gestrichen werden. Nehmen Sie so viel davon ab, wie Sie für die Pad-Thai-Sauce brauchen, und bewahren Sie den Rest in einem fest verschlossenen Glasgefäß im Kühlschrank auf. Jetzt haben Sie genug Tamarindenpaste für Wochen und Monate. Das Rezept lässt sich leicht abwandeln. Wenn Sie den intensiven Geschmack der Tamarinde nicht mögen, können Sie sie bis zu 50 Prozent durch Reisessig ersetzen.

Zutaten für Pad Thai

Nachfolgend sind die Zutaten aufgeführt, die man für das Pad-Thai-Nudelgericht braucht. Es ist schwer, die jeweilige Menge genau anzugeben, es liegt ganz bei Ihnen, wie viel Sie davon verwenden.

DÜNNE REISNUDELN, AUCH REISSTICKS GENANNT: Für Pad Thai sollte man thailändische Reisnudeln verwenden, nicht zu verwechseln mit der vietnamesischen Variante. Die Thainudeln sehen ähnlich aus wie Linguine, nur weißer und vielleicht ein bisschen dünner, während die vietnamesischen Nudeln die Form von Spaghetti haben. Thailändische Reissticks werden gelegentlich als Pad-Thai-Nudeln oder Sen Lek etikettiert. Bevorzugen Sie frische Nudeln, wenn Sie sie in einem Asia-Supermarkt bekommen können. Andernfalls nehmen Sie getrocknete, die Sie vor dem Garen in lauwarmem Wasser einweichen (die Nudeln sollten weich werden, aber nicht so weich, dass man sie gleich essen könnte, sonst werden sie im Wok pappig). Nehmen Sie sie aus dem Wasser, wenn sie biegbar sind, und lassen Sie sie gut abtropfen. Pro Portion braucht man eine gute Handvoll, aber Sie können auch mehr oder weniger nehmen. Eine 500-Gramm-Packung getrockneter Reisnudeln sollte für sechs bis acht Portionen reichen, aber kaufen Sie vorsichtshalber etwas mehr ein. Sie kosten nicht viel und halten in getrocknetem Zustand eine Ewigkeit.

Je nach dem Frischegrad Ihrer „frischen" Reisnudeln möchten Sie sie vielleicht trotzdem in Wasser legen, damit sie etwas weicher werden. Gehen Sie vor wie bei den getrockneten Nudeln, aber verkürzen Sie die Einweichzeit. Eine 500-Gramm-Packung frischer Nudeln reicht für drei bis vier Portionen.

GARNELEN ODER HÄHNCHEN: *(Alternative für Vegetarier siehe nachstehend unter Tofu)*

Für das traditionelle Pad Thai werden Garnelen verwendet. In der Regel rechne ich ungefähr sieben mittelgroße geschälte Garnelen pro Portion. Falls ich absolut frische große Garnelen mit Kopf und Schwanz finde, lasse ich sie ungeschält. Ich schneide sie einmal der Länge nach durch und verwende sie so weiter.

Anstatt der Garnelen können Sie ohne Weiteres Hähnchen nehmen. Pro Portion sind etwa 50 Gramm Fleisch ausreichend.

TOFU: Ich verwende gern den zu rechteckigen Blöcken gepressten Tofu. Man kann jeden beliebigen schnittfesten Tofu nehmen, selbst den vorgebratenen, der in chinesischen Supermärkten angeboten wird. Solange er beim Braten im Wok nicht auseinanderfällt, ist er geeignet. Ich schneide den Tofu in dünne, mundgerechte Stücke und nehme pro Portion etwa eine Handvoll. Für eine vollkommen fleischlose Variante braucht man natürlich mehr. Damit das Gericht komplett vegetarisch ist, kann man die Fischsauce durch dünnflüssige Sojasauce ersetzen.

EIER: In jede Portion, die gerade im Wok gart, schlage ich ein kleines Ei. Wenn Ihr Pad Thai lieber weniger nach Ei schmecken soll, garen Sie zwei Portionen auf einmal und geben nur ein Ei hinein.

GEMAHLENE ERDNÜSSE: Ich nehme dazu geröstete, ungesalzene Erdnüsse (manchmal röste ich sie auch selber). Sie sollen grob gemahlen werden. Vorsicht: Zu fein gemahlene Nüsse werden schnell zu Erdnussbutter. Sie brauchen ein bis zwei Esslöffel pro Portion.

GLATTER SCHNITTKNOBLAUCH: Obwohl die meisten Restaurants den grünen Teil von Frühlingszwiebeln verwenden, gehört traditionsgemäß Schnittknoblauch in ein Pad Thai. Waschen und trocknen Sie die grasähnlichen Blätter sorgfältig und schneiden Sie sie in fünf Zentimeter lange Stücke. Ich rechne eine Handvoll pro Portion.

BOHNENSPROSSEN: Ich habe gern viele Bohnensprossen in meinem Pad Thai, daher nehme ich eine gute Handvoll pro Portion. Sie können davon so viel oder so wenig nehmen, wie Sie mögen.

EINGELEGTER WEISSER RETTICH (NACH BELIEBEN): Man kann ihn fertig vorgeschnitten und in Kunststoff verpackt kaufen, aber ich finde, ein ganzer Rettich hat einen frischeren Geschmack. Ich schneide ihn in kleine Stücke und verwende etwa einen Esslöffel pro Portion.

GETROCKNETE KRABBEN (NACH BELIEBEN): Die billigeren Pad-Thai-Versionen in den Straßen Bangkoks werden statt mit frischen Garnelen nur mit kleinen getrockneten Krabben zubereitet. So weit möchte ich nicht gehen, aber ich füge gerne ein paar der salzigen getrockneten Krabben als Geschmacksverstärker hinzu, die ich zuvor in einem Mörser fein zerstoße. Der Mörser ist dabei ein Muss, denn aus der Küchenmaschine kommen statt lockerer Krabbenflöckchen harte, trockene Brocken. Ich verwende ein bis zwei Esslöffel pro Portion.

GEHACKTER KNOBLAUCH (NACH BELIEBEN): Für den Extrakick gebe ich gerne an jede Portion etwas Knoblauch.

Zum Nachwürzen bei Tisch braucht man Limettenscheiben (eine pro Portion), gemahlene Erdnüsse, Chilipulver, Fischsauce und sogar etwas weißen Zucker. So wie mit anderen Gerichten aus Thailands Garküchen kann jeder den endgültigen Geschmack seinen persönlichen Vorlieben anpassen. Ich empfehle unbedingt einen Spritzer Limette, alles Weitere ist dem individuellen Geschmack des Gastes überlassen.

Die Zubereitung von Pad Thai

Wenn Sie die folgenden Schritte genau einhalten, wird Ihnen das beste Pad Thai gelingen, das Sie jemals gegessen haben. Halten Sie die Sauce auf kleiner Flamme warm und stellen Sie eine Schale kaltes Wasser bereit, damit Sie den Wok mit ein paar Spritzern etwas abkühlen können, falls er zu heiß wird.

1. Einen großen Wok auf starker Hitze sehr heiß werden lassen, bis er anfängt zu rauchen.
2. Drei bis vier Esslöffel Pflanzenöl hineingeben. Trauen Sie sich ruhig, das hier ist keine Diätkost.
3. Die eiweißhaltigen Produkte Ihrer Wahl in den Wok geben (Hähnchen, geschälte oder ganze Garnelen) und kräftig rühren, bis sie nach 1–2 Minuten halb gar sind. Zwei Esslöffel Sauce für das Aroma dazugeben, außerdem etwas Knoblauch (nach Belieben). Den Tofu hinzufügen. Einige Minuten schmoren lassen, bis das Fleisch oder die Garnelen gar und der Tofu rundherum knusprig braun ist. In eine Schale geben und beiseitestellen.
4. Die Nudeln in den Wok geben und etwa 60 Milliliter / ¼ *cup* der warmen Sauce angießen. Kräftig rühren, sodass die Nudeln im Wok herumwirbeln. Die Nudeln dabei zerkleinern und darauf achten, dass sie nicht aneinanderkleben. Verdampft die Sauce, bevor die Nudeln gar sind, ein wenig Wasser angießen und weiterrühren. Sollten die Nudeln dennoch aneinanderkleben, etwas Öl hinzufügen.
5. Die fertig gegarten Nudeln (zur Sicherheit probieren) seitlich an den Rand schieben und ein Ei in die Mitte des Woks schlagen. 10–15 Sekunden stocken lassen, dann alles miteinander verrühren.
6. Den eingelegten Rettich, die gemahlenen Erdnüsse, zerstoßenen Krabben und Bohnensprossen nacheinander hinzufügen, dabei gut umrühren. Mehr Sauce dazugeben, falls alles noch etwas farblos aussieht.
7. Die beiseitegestellten Fleischstücke oder Garnelen hinzufügen und schnell untermengen. Eine Handvoll Schnittknoblauch darüberstreuen. Den Wok kräftig rütteln, um alles gut miteinander zu vermischen.
8. Das fertige Pad Thai auf einen Teller geben und den ersten Gast damit erfreuen. Den Wok kurz mit warmem Wasser ausspülen und eventuelle Reste mit einem angewärmten Geschirrtuch entfernen. Anschließend erneut stark erhitzen.
9. Sowie der Rauchpunkt wieder erreicht ist, kann die nächste Portion zubereitet werden. Bis alle Gäste versorgt sind, halten Sie sie mit Riesling, Champagner oder Bier bei Laune. So mache ich es jedenfalls!

Salate

Ein wichtiger Schritt für einen zukünftigen Foodie ist der Entschluss, keine fertigen Salatdressings mehr zu kaufen. Wenn Sie erst einmal den Umgang mit den Hauptzutaten für eine gute Salatsauce beherrschen – Essig, Öl, Salz und Pfeffer –, steht Ihnen der Weg zu unzähligen Variationsmöglichkeiten offen. Ein Dressing ist in wenigen Minuten zubereitet, und man kann es gleich in der Salatschüssel anrühren, das spart Abwasch.

Mein Lieblingsdressing für den täglichen Salat besteht aus Essig, etwas fein gehackter Schalotte, Senf, einem kleinen Klecks Honig, Salz und Pfeffer. Alles wird gründlich verrührt, ehe man zum Schluss das Öl mit dem Schneebesen darunterschlägt. Das ist schon alles. Ich habe keine genauen Maßangaben, halte mich aber an das übliche Mengenverhältnis von zwei Löffeln Essig auf vier Löffel Öl. Die Größe des Löffels, den ich zum Abmessen verwende, richtet sich nach der Salatmenge. Für eine einzelne Portion nehme ich einen Dessertlöffel, für zwei einen Suppenlöffel und für größere Mengen den großen Holzlöffel meines Salatbestecks. Wie viel Essig ich verwende, hängt von der Sorte ab und auch davon, wie säurebetont mein Dressing werden soll.

Sie können mit verschiedenen Öl- und Essigsorten experimentieren. Ich habe meistens vier bis fünf verschiedene Sorten zu Hause; Weißwein- oder Champagneressig, Rotweinessig, Sherryessig, Reisessig und natürlich Balsamico. Für eine feine Vinaigrette wähle ich Weißwein- oder Champagneressig. Rotweinessig ergibt eine kräftigere, säurebetontere Note, und Sherryessig bringt einen Hauch Süße in die Salatsauce. Noch mehr Süße und dazu ein wunderbares Aroma verleiht ein guter, lange gereifter Balsamico-Essig. Im Winter allerdings, wenn herrlich duftende Zitrusfrüchte wie Zitronen und Mandarinen Saison haben, ziehe ich ihren Saft jedem Essig vor.

Probieren Sie verschiedene Olivenöle und versuchen Sie, immer eine oder zwei Sorten, die Sie mögen, vorrätig zu haben. Verwenden Sie selbstverständlich für Ihre Salate nur kaltgepresstes Olivenöl der ersten Pressung mit der Qualitätsbezeichnung „natives Olivenöl extra". Wenn Ihnen ein milderes Öl eher zusagt, versuchen Sie das spanische Arbequina-Öl oder das ligurische Taggiasca-Öl. Mögen Sie lieber kernigere Öle, probieren Sie das Picual-Öl aus Spanien, die kräftigen Öle aus der Toskana und aus Sizilien oder die kretischen Olivenöle, die im Geschmack den toskanischen ähneln.

Ist Ihre Neugier erst einmal geweckt, gibt es jenseits des Olivenöls noch eine ganze Reihe anderer Öle zu entdecken. Ich gebe meiner

FURGENT
OLIO

Vinaigrette gern eine ganz besondere Note mit Haselnuss- oder Walnussöl. Aber ich habe auch immer eine mildes Öl in Vorrat, beispielsweise ein leichtes Oliven- oder Traubenkernöl, um den manchmal sehr dominanten Geschmack der Nussöle abzumildern. Tatsächlich ist zu viel des Guten nicht gut. Probieren Sie diese beiden Nussöle in Ihrer Vinaigrette aus, Sie werden meine Begeisterung teilen. Eine Vinaigrette wie diese kann ohne Weiteres auch als eine Art Instant-Sauce für ein schnell gezaubertes Abendessen dienen – zum Beispiel zum Beträufeln eines gebratenen Fischfilets.

Mesclun-Salat und Tatsoi-Blüten mit Nussöl-Vinaigrette

Dieser Salat enthält die gelben Blüten des *Tatsoi* (Rosettenkohl), einer Variante des chinesischen Senfkohls. Tatsoi-Blüten haben ein wunderbar nussiges Aroma, das mit den geschmacklichen Akzenten der beiden Nussöle ausgezeichnet harmoniert. Man kann stattdessen auch andere essbare Blüten (beispielsweise von Kapuzinerkresse) verwenden oder sie ganz weglassen.

FÜR 4 PERSONEN

Einige Handvoll kleiner Blätter vom Kopfsalat, Feldsalat und anderer grüner Salate sowie Blattgemüse wie Tatsoi und chinesischer Senfkohl. Sehr gut passt auch der zarte und mit seinen kleinen weißen Blüten äußerst dekorative Portulak. Blüten nach Belieben

VINAIGRETTE
1 TL Senf
1 Prise Salz
2 EL Sherryessig
*3 EL Olivenöl**
2 EL Walnussöl
1 EL Haselnussöl
schwarzer Pfeffer aus der Mühle

Die Salatmischung nach Geschmack zusammenstellen, gründlich waschen und in einem Sieb gut trockenschütteln oder besser noch in einer Saltaschleuder trocknen. Den Senf, eine Prise Salz und den Essig in eine große Salatschüssel geben. Mit der Rückseite eines Holzlöffels oder mit einem Schneebesen gut verrühren. Die drei Ölsorten

in eine kleine Schale geben und miteinander verschlagen. Die Ölmischung in einem dünnen Strahl in die Salatschüssel fließen lassen, dabei kräftig schlagen, damit das Dressing emulgiert. Etwas Pfeffer darübermahlen und eventuell nachsalzen. Die Salatblätter in die Schüssel geben und sorgfältig mit der Vinaigrette vermischen.

*Verwenden Sie für dieses Rezept mildes ligurisches oder katalanisches Olivenöl. Wenn Sie nur kräftiges Olivenöl à la Toskana vorrätig haben, nehmen Sie nur zwei Esslöffel und ersetzen den dritten durch Traubenkernöl.

Suppen

Erdbeer-Gazpacho

Nach einem Rezept von David King

Davids köstliche kalte Sommersuppe birgt ein Geheimnis: Statt mit den üblichen Tomaten wird sie mit Erdbeeren zubereitet. Sie sieht dem klassischen roten Gazpacho täuschend ähnlich, hat aber einen erfrischend originellen Geschmack.

Wenn sich hin und wieder die Klassikerin in mir zu Wort meldet, ersetze ich die Hälfte der Erdbeeren durch saftige, reife Tomaten. Heraus kommt eine etwas weniger extravagante, aber ebenso schmackhafte Suppe für heiße Sommertage.

FÜR 6 PERSONEN

GAZPACHO

500 g Erdbeeren, entstielt und leicht zerdrückt
100 g weiße Zwiebeln, fein geschnitten
100 g rote Paprikaschoten, fein geschnitten
150 g Salatgurke, geschält, entkernt und fein geschnitten
½ Knoblauchzehe, zerdrückt
2 Stängel frischer Estragon, gezupft
60 ml | ¼ cup Balsamico
60 ml | ¼ cup natives Olivenöl extra
Salz und Pfeffer, nach Geschmack

GARNITUR

Erdbeeren, entstielt und fein gewürfelt
eine kleine Handvoll frischer Schnittlauch, fein geschnitten
75 g rote Paprikaschote, fein gewürfelt
100 g | ½ cup Salatgurke, geschält, entkernt und fein gewürfelt
1–2 TL Mandelöl
Kerbelblättchen

Alle Zutaten für das Gazpacho mit Ausnahme von Salz und Pfeffer in eine Schüssel geben. Gut vermischen und mit Klarsichtfolie abdecken. Für einige Stunden oder über Nacht in den Kühlschrank stellen.

Am folgenden Tag alles im Mixer pürieren und mit Salz und Pfeffer abschmecken. Ist die Suppe zu dickflüssig, mit etwas Wasser verdünnen. Erneut gut durchkühlen. In Suppenteller oder -tassen füllen.

Zum Schluss die Zutaten für die Garnitur vorsichtig mit dem Mandelöl vermischen. In kleinen Häufchen in der Mitte der Suppe anrichten und einige Kerbelblättchen darüberlegen.

Dieses Erdbeer-Gazpacho kann auch schichtweise in einer Glasschale serviert werden: Die Garnitur (außer dem Kerbel) auf den Boden der Schale geben, mit der Suppe auffüllen und mit Kerbelblättchen dekorieren.

Suppe von geröstetem Kürbis mit Nussbutter

FÜR 6–7 PERSONEN

1 mittelgroßer Blue-Hubbard- oder Buttercup- oder Hokkaido-Kürbis von etwa 1,5 kg Gewicht
2 TL ungesalzene Butter
2 EL hellbrauner Zucker
Meersalz
250 g | 1 cup Butter in Würfeln
500 ml | 2 cups Gemüse- oder Hühnerbrühe
1 Prise Cayennepfeffer
¼ TL Zimt, gemahlen
¼ TL Muskatnuss, gerieben
1 Prise Nelkenpfeffer
1 Spritzer Weißweinessig
1 Spritzer frisch gepresster Zitronensaft

BACKOFEN VORHEIZEN AUF: *190 °C*

Den Kürbis halbieren, Fasern und Kerne entfernen. Ein Backblech mit Backpapier oder Alufolie auslegen und die Kürbishälften mit der Schnittseite nach oben darauflegen. In die Mitte jeder Hälfte einen Teelöffel Butter, einen Esslöffel braunen Zucker und eine Prise Salz geben. Etwa 1 Stunde backen, bis das Kürbisfleisch durch und durch weich ist. Die Schnittflächen sollen schön bräunen; mit Alufolie abdecken, falls sie zu rasch dunkel werden. Die gegarten Kürbishälften aus dem Backofen nehmen und abkühlen lassen.

Währenddessen die Nussbutter zubereiten. Die Butter in einem kleinen Stieltopf bei mittlerer Hitze schmelzen. Weiter erhitzen, bis die Butter ihren Siedepunkt erreicht und anfängt zu schäumen. Wenn sich der Schaum gesenkt und die Butter eine goldbraune Farbe angenom-

men hat, sofort vom Herd ziehen, durch ein Tuch in eine Schale passieren und abkühlen lassen.

Für die Suppe das Kürbisfleisch aus der Schale kratzen. In einen Mixer geben, mit der Brühe aufgießen und fein pürieren. Die Nussbutter hinzufügen und weiter zur Emulsion aufschlagen. Die Gewürze, jeweils einen kleinen Spritzer Essig und Zitronensaft und eine Prise Salz hinzufügen, erneut aufmixen.

Die Suppe in einen mittelgroßen Kochtopf füllen. Bei Bedarf nachwürzen und so weit erhitzen, dass sie serviert werden kann. Auf keinen Fall aufkochen, da die Emulsion sich sonst trennt. Die Suppe ist sehr reichhaltig, selbst eine kleine Portion hält lange vor.

Fisch

Ich kann gut verstehen, dass sich viele Kochanfänger nicht an Fisch herantrauen. Es ist gar nicht so einfach, auf einem normalen Markt qualitativ hochwertigen Fisch zu finden, und noch schwerer ist es, ganze Fische zu bekommen.

Wenn ich einen ganzen frischen Fisch zubereite, fülle ich ihn mit Zitronenscheiben und allen Kräutern, die ich gerade zur Hand habe, und beträufele ihn rundherum mit einem guten Olivenöl. Je nach Größe gart der Fisch 20–30 Minuten im Backofen bei 200 °C. Ich serviere ihn mit einer separaten, säurebetonten Vinaigrette.

Wenn ich Lust habe, etwas besonders Gutes zuzubereiten, koche ich nach den folgenden Rezepten:

Wolfsbarsch mit Artischocken, Tomaten, Fenchel und Oliven

Nach einem Rezept von Yannick Alleno

In Yannick Allenos Pariser Drei-Sterne-Restaurant „Le Meurice“ ist das mein Sommer-Lieblingsgericht. Yannick verwendet dazu die wunderbaren Streifenbarben aus dem Mittelmeer. Bei mir zu Hause ist es sehr schwer, frische Streifenbarben zu bekommen, und weil ich mich mit minderwertiger Qualität nicht abgeben will, nehme ich stattdessen oft frischen Wolfsbarsch oder Heilbutt. Das schöne an diesem Rezept ist, dass man es nach Lust und Laune einfach oder kompliziert machen kann. Wenn Sie sich danach fühlen, etwas Besonderes zu zaubern, folgen Sie dem Rezept Schritt für Schritt und Ihnen wird ein hausgemachtes Drei-Sterne-Gericht gelingen. Möchten Sie lieber, dass es schneller geht, können Sie alle Gemüse zusammen im gleichen Topf garen, dann wird das Essen zwar nicht ganz so raffiniert, aber im Großen und Ganzen ebenso köstlich.

FÜR 4 PERSONEN

GRECQUE DE LÉGUMES (GEMÜSE AUF GRIECHISCHE ART)

500 g Tomaten
1 EL Zucker
etwa 60 ml | ¼ cup Olivenöl, oder mehr, falls Sie die Tomaten auf dem Herd garen wollen
4 mittelgroße Artischocken
Saft von ½ Zitrone

2 Fenchelknollen
1 kleine Handvoll Schnittsellerie
1 große Zwiebel
2 Knoblauchzehen, geschält
1 TL Fenchelsamen
1 Spritzer Ouzo oder Pastis (nach Belieben)
60 ml | ¼ cup Weißwein
120 ml | ½ cup Hühner- oder Gemüsebrühe
25 g | ¼ cup entsteinte schwarze Oliven, in Ringe geschnitten
1 EL eingelegte Zitrone (im Glas in griechischen und nordafrikanischen Läden), fein gewürfelt
1 Stängel Basilikum, die Blätter in dünne Streifen geschnitten
Salz und Pfeffer, nach Geschmack

FISCH
4 Wolfbarschfilets à 120 g
60 ml | ½ cup Olivenöl

BACKOFEN VORHEIZEN AUF: *90 °C*

Für die Grecque de légumes die Tomaten häuten, entkernen und in acht Spalten schneiden. Die Spalten in eine große Gratinform geben, großzügig mit Olivenöl übergießen und mit Salz und einem halben Esslöffel Zucker bestreuen. Im vorgeheizten Backofen 2½ Stunden backen. Herausnehmen und abkühlen lassen. Wenn man die Tomaten nicht so lange im Ofen backen will, kann man sie in einen kleinen Topf geben, mit Olivenöl bedecken, mit Salz und dem Zucker bestreuen und auf dem Herd bei niedriger Hitze garen. Häufig umrühren. Bis alles andere zubereitet ist, sind auch die Tomaten fertig. In einem Sieb abtropfen lassen, das aromatisierte Öl auffangen und wiederverwenden, zum Beispiel für das nächste Salatdressing.

Für die Artischocken einen Liter / vier *cups* kaltes Wasser und den Zitronensaft in einen mittelgroßen Topf gießen. Von den Artischocken die äußeren Blätter entfernen und mit einem Gemüsemesser die harte grüne Haut abschälen. Die hellen, zarten Artischockenherzen vierteln und vom Heu befreien. Die geputzten Artischocken in den Topf mit dem Zitronenwasser geben (der Zitronensaft verhindert eine Verfärbung).

Die restlichen Gemüse zubereiten. Von den Fenchelknollen den harten Strunk und das Kraut wegschneiden. Die fasrige, harte Außenschicht entfernen und die Knollen der Länge nach in mitteldicke

Scheiben, die Selleriestängel in fünf Millimeter dicke und vier bis fünf Zentimeter lange Stifte schneiden, die Blätter hacken. Die Zwiebel schälen und in dünne halbmondförmige Scheiben schneiden.

Eine Bratpfanne auf den Herd bei mittlere Hitze stellen, ein bis zwei Esslöffel Olivenöl erhitzen, Knoblauchzehen, Zwiebeln und Fenchel dazugeben. Gut vermischen und dünsten, bis die Zwiebeln glasig sind, dann die Fenchelsamen hinzufügen. Die Artischocken abgießen und ebenfalls in die Pfanne geben. Mit Salz und Pfeffer würzen und ein paar Minuten weitergaren.

Einen Spritzer Ouzo oder Pastis (falls gewünscht) darübergeben, den Weißwein angießen, aufkochen lassen und etwa 1 Minute weitergaren. Anschließend die Hühner- oder Gemüsebrühe, Sellerie, Oliven und den restlichen Zucker hinzufügen und bei milder Hitze köcheln lassen, bis das Gemüse bissfest ist. Die eingelegte Zitrone und die Tomaten dazugeben. Abschmecken und eventuell mit Salz und Pfeffer nachwürzen. Die Pfanne vom Herd ziehen, den gehackten Basilikum darüberstreuen und bis zum Servieren beiseitestellen.

Für den Fisch eine Pfanne bei mittlerer Hitze heiß werden lassen. So viel Olivenöl hineingeben, dass der Pfannenboden vollständig bedeckt ist. Die Fischstücke mit der Hautseite nach unten in die Pfanne legen. Einige Minuten braten lassen, dabei nicht bewegen. Wenn die Filets an den Kanten zur Hälfte weiß sind, wenden und 1–2 Minuten gar ziehen lassen. Mit Salz und Pfeffer würzen.

Das Gemüse auf vier Teller verteilen, jeweils ein Fischfilet daraufsetzen und mit dem Saft aus der Pfanne beträufeln. Sofort servieren.

Seeteufel mit „geräucherten“ Kartoffeln und Senfsauce

Nach einem Rezept von Alain Passard

FÜR 4 PERSONEN

GERÄUCHERTE KARTOFFELN

300 g Frühkartoffeln
einige Prisen Salz
1 EL Butter + ½ EL Butter
500–750 ml | 2–3 cups aufgebrühter Lapsang Souchong oder geräucherter Oolong-Tee

SENFSAUCE

3 Schalotten, fein gehackt
2 EL Butter
125 ml | etwa ½ cup Weißwein
3 EL Vermouth
60 ml | ½ cup Fischfond (falls kein Fischfond zur Hand ist, durch Wasser ersetzen)
200 ml | ¾ cup Sahne
½ EL Senf (Alain verwendet Moutarde d'Orléans)
1 Spritzer Zitronensaft (nach Belieben)
Salz und Pfeffer, nach Geschmack

SEETEUFEL

1 EL Butter
1 EL Olivenöl
4 Seeteufelfilets à 150 g (Wenn man keinen Seeteufel aus nachhaltiger Fischerei bekommt, kann man einen anderen festen, weißfleischigen Fisch wie Heilbutt oder Wolfsbarsch nehmen)

Zunächst die fein gehackten Schalotten für die Senfsauce in eine flache Schale geben, mit etwas Salz bestreuen und beiseitestellen. Die Kartoffeln in einem Topf Wasser bei mittlerer Hitze auf den Herd stellen, einige Prisen Salz und einen Esslöffel Butter hinzufügen. Köcheln lassen, bis die Kartoffeln gar sind. Kartoffeln abgießen, pellen und in eine große Schüssel geben. Den aufgebrühten Rauchtee darübergießen und 5–10 Minuten ziehen lassen, je nachdem, wie stark der Rauchgeschmack des Tees ist. Die Kartoffeln sollen nur einen Hauch des Aromas annehmen. Die Kartoffeln erneut abgießen und den restlichen halben Esslöffel Butter an die „geräucherten“ Kartoffeln geben. Bis zum Servieren warm stellen.

Für die Sauce zwei Esslöffel Butter in einer Pfanne auf mäßiger Hitze schmelzen. Die gehackten Schalotten dazugeben und langsam dünsten, bis sie glasig und weich sind; sie dürfen auf keinen Fall Farbe annehmen. Den Weißwein angießen. Die Hitze hochstellen und einkochen, bis der Wein fast vollständig verdampft und zu einer sirupartigen Flüssigkeit reduziert ist. Den Vermouth hinzufügen und etwa 1 Minute kochen lassen, damit der Alkohol sich verflüchtigt. Den Fischfond (oder Wasser) angießen und erneut sirupartig einkochen lassen. Die Hitze auf schwach stellen, die Sahne hinzufügen und leicht köcheln lassen, bis die Sauce eine wunderbar glatte, seidige Konsistenz hat. Die Sauce durch ein Sieb in eine mittelgroße Schüssel passieren und den Senf einrühren. Abschmecken und bei Bedarf nachsalzen. Sollte die Sauce zu salzig sein, mit etwas Zitronensaft ausgleichen. Warm stellen.

Eine Pfanne, in der die vier Fischfilets gleichzeitig gebraten werden können, bei mittlerer Hitze heiß werden lassen. Jeweils einen Esslöffel Butter und Olivenöl hineingeben. Die Fischstücke in die Pfanne legen und 2 Minuten garen. Sind die Filets an den Kanten etwa zur Hälfte weiß, wenden und auf der anderen Seite ein paar Minuten lang fertig garen. Im Zweifelsfall einen Zahnstocher in die Mitte der Filets stechen: Ist der Fisch gar, geht das ganz leicht, ist er innen noch roh, leistet er etwas Widerstand.

Zum Servieren die Filets auf vier vorgewärmte Teller verteilen, die Kartoffeln dazugeben und mit reichlich warmer Sauce überziehen.

Wolfsbarsch und pochierte Artischocken in einer Mandarinen-Olivenöl-Emulsion

Als mein Freund Mikael uns während unseres Urlaubs in Südfrankreich dieses Gericht zum ersten Mal kochte, verwendete er die wunderbaren *artichauts épineux*, stachelige Artischocken, die wir auf dem lokalen Markt gekauft hatten. Ich war tief beeindruckt. Nie zuvor hatte ich Artischocken mit so langen, spitzen Stacheln gesehen. Ein martialisches Gemüse – wie ich beim Zurechtschneiden leidvoll erfahren musste. Für das Rezept kann man aber jede auf dem Markt angebotene Artischockensorte verwenden. Sie sollen nur gerade Saison haben und frisch und zart sein. Große, alte, hölzerne Artischocken lässt man am besten liegen.

Die Artischocken können in der Mandarinen-Olivenöl-Emulsion separat als Vorspeise eines mehrgängigen Menüs (gegebenenfalls die im Rezept angegebene Menge verdoppeln oder verdreifachen) oder mit dem Fisch als Hauptgericht serviert werden.

FÜR 4 PERSONEN

ARTISCHOCKEN

750 ml | 3 cups Wasser
½ EL Salz
Saft einer halben Zitrone
6–8 Artischocken, zurechtgeschnitten und geviertelt (siehe Seite 84)

FISCH

4 Wolfsbarschfilets à 120 g, vorzugsweise mit Haut und mit Zimmertemperatur
Salz
3 EL Olivenöl

SAUCE

Saft von 1–2 Mandarinen oder 1 großen Orange
1 Prise Salz
6 EL hochwertiges natives Olivenöl extra (siehe Seite 91)*
1 Spritzer Zitronensaft (nach Belieben)
schwarzer Pfeffer, nach Geschmack

Wasser, Salz und Zitronensaft in einem kleinen Stieltopf aufkochen. Die vorbereiteten Artischocken hineingeben. 6–8 Minuten bei mäßiger

Hitze pochieren. Nach etwa 6 Minuten für den Gartest mit einem Messer in die Artischocken stechen: Gleitet es widerstandslos hindurch, sind sie gar. Abgießen und beiseitestellen.

Eine – vorzugsweise beschichtete – Pfanne auf mittlerer Hitze heiß werden lassen. Die Fischfilets von beiden Seiten leicht salzen. Drei Esslöffel Olivenöl in die Pfanne geben, der Boden soll vollständig bedeckt sein. Die Filets mit der Hautseite nach unten in die Pfanne geben und etwa 2 Minuten braten, bis die Haut schön goldbraun ist.

Die Filets wenden und weitere 2–3 Minuten garen. Mit einem Kuchentester oder Zahnstocher hineinstechen: Bietet sich kein Widerstand, ist der Fisch gar.

Während der Fisch gart, wird schnell die Sauce zubereitet. Eine Prise Salz zu drei Esslöffeln Mandarinensaft geben. Mit einem Schneebesen oder einer Gabel den Saft nach und nach unter die sechs Esslöffel Olivenöl schlagen, bis eine Emulsion entstanden ist. Noch etwas Mandarinensaft, eventuell auch einen Spritzer Zitronensaft hinzufügen, wenn die Sauce nicht ausreichend säuerlich ist. Mit ein paar Drehungen aus der Pfeffermühle abrunden.

Die gegarten Fischfilets aus der Pfanne nehmen und auf vorgewärmte Teller geben. Jeweils mit einigen Artischockenvierteln umlegen. Mehrere Esslöffel Mandarinen-Olivenöl-Emulsion über die Artischocken und um die Filets gießen. Sofort servieren.

* Das beste Olivenöl für dieses Rezept ist ein säurearmes Öl aus reifen Oliven. Das grünliche Olivenöl toskanische Art, das häufig aus nicht voll ausgereiften Oliven hergestellt wird, ist hier weniger gut geeignet. Stattdessen empfehle ich italienische Öle aus Ligurien oder katalanische Öle aus der Gegend um Barcelona. Spanische Olivenöle enthalten im Allgemeinen weniger Säure als die Öle der Toskana.

Gebackene Seezunge mit exotischen Gewürzen

Nach einem Rezept von Olivier Roellinger

Dieses Rezept stammt von Olivier Roellinger, einem berühmten Küchenchef aus der Bretagne. Er ist berühmt für seine genialen Kreationen mit den verschiedensten exotischen Gewürzen. Dieses Rezept ist eine perfektes Beispiel dafür, wie man mit feinem Gespür und perfekter Kenntnis Gewürze verwendet, um die Aromen des Gerichts zu vertiefen, ohne den Eigengeschmack des Fisches zu übertünchen. Ein wunderbares Essen zum Auftakt des Frühlings, mit neuen Kartoffeln, zartem jungem Lauch oder Frühlingszwiebeln und frischer Seezunge. Sie können es aber auch zu jeder anderen Jahreszeit zubereiten, an einem kühlen Herbstabend oder vor einem flackernden Feuer im Winter. Wenn Sie keine Seezunge bekommen können, nehmen Sie ruhig einen anderen weißfleischigen Fisch. Heilbutt, Scholle oder Seeteufel sind ebenfalls sehr gut geeignet. Verwenden Sie ausgewachsenen Lauch, wenn die zarten jungen Stangen gerade keine Saison haben, und normalgroße Kartoffeln (einer festkochenden Sorte wie Charlotte) anstelle der kleinen Frühkartoffeln. Schneiden Sie sie einfach in kleinere Stücke.

FÜR 4 PERSONEN

SAUCE GRAINES LOINTAINES
(MIT GEWÜRZEN AUS FERNEN LÄNDERN)

3 ganze Haselnüsse
2 ganze Mandeln
2 TL Sesamsamen
1 TL Koriandersamen
½ TL Sumach (in türkischen Läden erhältlich)
1 TL Kreuzkümmelsamen
75 g Butter
Fischkarkassen
Zesten von 1 Zitrone
Zesten von 1 Orange
1 EL Zitronensaft (oder mehr, nach Geschmack)
250 ml | 1 cup Hühnerbrühe
2 Knoblauchzehen, geschält

GEMÜSE UND FISCH

20 Stangen Babylauch oder 3–4 dünne Lauchstangen
300 g Frühkartoffeln

80 g | 6 EL Butter
4 gehäutete Seezungenfilets à 100–120 g (bitten Sie Ihren Fischhändler, die Karkassen für Sie zurückzulegen)
Salz und schwarzer Pfeffer, nach Geschmack

BEILAGE: *Brot*
BENÖTIGTES MATERIAL: *eine große Back- oder Auflaufform*

Für die Gewürzmischung in einer kleinen Pfanne Haselnüsse und Mandeln auf mittlerer Hitze rösten, bis sie duften und leicht gebräunt sind. Auf einem Teller in den Gefrierschrank stellen. Sesam, Koriander, Sumach und Kümmel in die Pfanne geben. Einige Minuten rösten, dabei ab und zu umrühren, bis alles duftet. Vom Herd ziehen, auf einen Teller geben und bei Zimmertemperatur abkühlen lassen.

Die Nüsse aus dem Tiefkühler nehmen, mit einem Messer grob zerkleinern und mit den abgekühlten Gewürzen in einen Mörser geben. Die Mischung zu feinem Pulver zerstoßen und für den späteren Gebrauch beiseitestellen.

Für die Sauce eine große Pfanne auf mittlerer bis starker Hitze heiß werden lassen. Die Butter und die Fischkarkassen hineingeben. Ein paar Minuten lang bräunen, dabei die Gräten immer wieder mit der Butter begießen. Einen Esslöffel Gewürzmischung dazugeben und weiterrösten. Nach 1 Minute die Orangen- und Zitronenzesten und den Zitronensaft hinzufügen, nach 1 weiteren Minute die Hühnerbrühe angießen, die Knoblauchzehen hineingeben und auf sehr schwacher Hitze köcheln lassen. Nach 30 Minuten die Pfanne vom Herd ziehen und die Flüssigkeit abseihen. Die Karkassen und den Knoblauch entsorgen. Die Sauce sollte jetzt eine Konsistenz zwischen Milch und Crème double haben. Ist die Sauce zu dick, mit etwas Wasser verdünnen, ist sie zu dünnflüssig, auf starker Hitze schnell auf die richtige Konsistenz reduzieren.

Lauch und Kartoffeln zubereiten, während die Sauce köchelt. Babylauch von den Wurzeln befreien und von unten in zwei vier Zentimeter lange Stücke schneiden. Die grünen Spitzen nicht verwenden. Von großen Lauchstangen die Wurzeln und den grünen oberen Teil entfernen. Der Länge nach aufschneiden und unter fließendem Wasser gründlich waschen. Schräg in feine Ringe schneiden und beiseitestellen. Die Kartoffeln waschen und schälen. Bei jungen Kartoffeln empfiehlt Küchenchef Roellinger, die Schale nur mit grobem Salz abzurubbeln, stattdessen kann man sie auch abbürsten.

Den Backofen auf 200 °C vorheizen. Die Kartoffeln und zehn

Gramm/einen Esslöffel Butter in einen kleinen Topf geben. Mit Wasser bedecken. So viel Salz hineingeben, dass das Wasser salzig schmeckt. Aufkochen und so lange weiterkochen, bis die Kartoffeln fast gar sind. Je nach Sorte und Größe der Kartoffeln kann das zwischen 10 Minuten und einer knappen halben Stunde dauern. Wenn man mit der Spitze eines Messers hineinsticht, sollte noch ein kleiner Widerstand spürbar sein.

Während die Kartoffeln kochen, die Lauchstücke in etwas Butter in einer Pfanne 1–2 Minuten anschwitzen, bis sie glasig, aber noch nicht gar sind. Den Lauch auf einen Teller geben und beiseitestellen. Die Pfanne ausspülen und auf mittlerer bis starker Hitze ziemlich heiß werden lassen. Den Fisch großzügig mit Salz bestreuen. Die verbleibende Butter in der Pfanne schmelzen, dann die Filets hineinlegen. Auf beiden Seiten kurz anbraten und leicht bräunen. Der Fisch soll jetzt noch nicht durchgaren, er wird in der Sauce im Backofen gar ziehen.

Die vorgegarten Kartoffeln in einer großen Back- oder Auflaufform verteilen. Die Fischfilets darauflegen, alles mit der Sauce überziehen und die Form in den Backofen schieben. Nach 10 Minuten prüfen, ob der Fisch gar ist, andernfalls noch ein paar Minuten im Backofen lassen. Die Form aus dem Ofen ziehen und die Sauce erneut abschmecken. Bei Bedarf nachsalzen. Mit ein paar Drehungen aus der Pfeffermühle abrunden.

In der Backform oder auf vier Teller verteilt servieren. Achten Sie darauf, dass auch nicht der kleinste Rest Sauce in der Form bleibt, Ihre Gäste werden ihr Brot mit Wonne noch in den letzten Tropfen tunken.

Reste der Gewürzmischung können in einem luftdicht verschlossenen Glas etwa 1 Monat im Kühlschrank aufbewahrt werden.

Geschmorte Lammkeule mit Frühlingszwiebeln

Nach einem Rezept von Alain Chapel

Alain Chapel galt als „die" Inspiration für eine ganze Generation meisterlicher Köche, vom Avantgardisten Heston Blumenthal bis zum Neuinterpreten der klassischen französischen Küche Michel Roux, nicht zu vergessen sein Schüler Alain Ducasse. Die beiden großen kalifornischen Küchenchefs Thomas Keller und David Kinch haben unabhängig voneinander berichtet, dass eine Mahlzeit in Chapels Restaurant im Dorf Mionnay bei Lyon eine regelrechte Offenbarung für sie war und zum Wendepunkt in ihrer jeweiligen Karriere wurde.

Alain Chapels Stil war täuschend einfach. Das Gericht, das Davids Selbstverständnis als Koch veränderte, war eine geröstete Taube mit Erbsen und Schnittsalat aus dem Garten des Hauses. Ein klassisches Chapel-Rezept: Zwei Hauptzutaten, beide so zubereitet, dass sie ihre Aromen bestmöglich entfalten und sich zu einer intensiven, vielschichtigen Geschmackskomposition ergänzen. Allein die Technik der Zubereitung ist genial: Die anfänglich starke Hitze zieht das Fett der Taube an die Oberfläche, das dann im Laufe des weiteren Garprozesses bräunen und karamellisieren kann.

Für mein Chapel-Rezept besorgen Sie sich eine kleine Keule vom Milchlamm (etwa 2,5 kg). Eine größere Keule ist für dieses Gericht nicht geeignet, das Fleisch könnte zäh werden. Verwenden Sie junge Frühlingszwiebeln mit hellgrünen Röhrenblättern und glänzender, durchsichtiger Haut. Servieren Sie die Keule als Hauptgericht an einem frischen Vorfrühlingsabend. Schaben Sie alle Fleischreste vom Knochen ab und belegen Sie damit am folgenden Tag Ihr Lunch-Sandwich. Das schmeckt so himmlisch, dass Sie auf die Idee kommen könnten, das nächste Mal die ganze Keule für Ihre Sandwichs zu reservieren.

FÜR 4 PERSONEN UND GARANTIERT VIELE RESTE

2,5 kg Lammkeule (Bitten Sie Ihren Metzger, den herausstehenden Knochen abzutrennen, damit die Keule in Ihre Bratform passt)
150 g | ½ cup plus 3 EL Butter
40 g | knapp ¼ cup Zucker
1,5 kg junge Frühlingszwiebeln
2 Tomaten

500 ml | 2 cups trockener Weißwein
500 ml | 2 cups Rinder- oder Hühnerbrühe oder Wasser
Salz und Pfeffer, nach Geschmack

BENÖTIGTES MATERIAL: *Ein großer, vorzugsweise ovaler Bräter aus Gusseisen oder Email oder eine große, tiefe Bratenform; eine Bratensaftpipette*
BACKOFEN VORHEIZEN AUF: *260 °C*

Die Keule oben und unten drei- bis viermal schräg einschneiden. Rundherum großzügig mit Salz einreiben. 50 Gramm/vier Esslöffel Butter grob würfeln und in den Bräter geben. Die Lammkeule auf die Butter legen und in den Backofen schieben. Zur Vorbereitung der Gemüse die Frühlingszwiebeln für eine ansprechende Präsentation etwa fünf Zentimeter über der Knolle auf gleiche Länge kürzen. Die Tomaten enthäuten, entkernen und in große Stücke schneiden. Die Gemüse beiseitestellen.

Die Lammkeule nach 25 Minuten aus dem Ofen ziehen. Die Hitze auf 175 °C herunterschalten. Das Fleisch aus dem Bräter nehmen und beiseitestellen. Das überschüssige Fett aus der Form gießen. 40 Gramm/knapp ¼ *cup* Butter, den Zucker und die Frühlingszwiebeln in den Bräter geben und gut umrühren, um die Zwiebeln mit der schmelzenden Butter zu überziehen. Den Bräter bei mittlerer Hitze auf den Herd stellen und 2–3 Minuten ständig weiterrühren, bis die Zwiebeln rundherum gebräunt sind. Die Lammkeule auf die Zwiebeln legen und den Bräter wieder in den Backofen schieben.

Nach 20 Minuten den Rost mit dem Bräter so weit wie möglich aus dem Ofen herausziehen. Die Tomatenstücke und den Weißwein vorsichtig hinzufügen, damit sie keine schmerzhaften Spritzer verursachen. Mit einem Holzlöffel den Bratensatz abschaben und die Keule mit dem entstandenen Saft begießen. Den Bräter locker mit Alufolie abdecken und zurück in den Ofen schieben.

Weiter 1½–2 Stunden garen, dabei regelmäßig die Keule wenden und mit dem Bratensaft begießen. Dafür empfiehlt sich eine Bratensaftpipette. Die Flüssigkeit am Boden des Bräters sollte leicht sirupartig sein; etwas Brühe angießen, falls sie zu schnell verdampft. Die angegebene Menge Brühe wird eventuell nicht ganz gebraucht; wichtig ist, dass die Sauce eine sirupartige Konsistenz behält und die Keule regelmäßig begossen wird.

Nach etwa 2 Stunden ist das Fleisch zart gegart. Den Bräter aus dem Ofen ziehen, die Lammkeule herausheben und mit Alufolie abgedeckt mindestens 20 Minuten bis zum Servieren ruhen lassen.

Den Bräter bei mittlerer Hitze auf den Herd stellen, die restliche Butter und ein paar Drehungen aus der Pfeffermühle hinzufügen. Den Bräter kräftig schütteln, damit sich alles gut vermischt. Ist der Bratensaft zu dick, ein wenig Brühe angießen. Abschmecken und bei Bedarf mit Salz und Pfeffer nachwürzen. Sollte der Saft zu salzig sein, einen Spritzer Essig, gleich welcher Sorte, dazugeben.

Die Lammkeule auf einer Servierplatte anrichten, mit den Zwiebeln belegen, mit der Sauce überziehen und auftragen.

Gegrilltes Lammkarree mit frischen Kräutern

Das beste gegrillte Lammkarree, das es gibt. Probieren Sie es aus und Sie werden mir zustimmen.

FÜR 4 PERSONEN

60 ml | ¼ cup Olivenöl
60 g | ¼ cup plus 1 EL gesalzene Butter, geschmolzen
5 frische Rosmarinzweige
2 halbe Lammkarrees von jeweils 8 Rippen
(Bitten Sie Ihren Metzger, die Karrees „französisch“ zu parieren und die Wirbelknochen auszulösen)
je 2 EL frische Minze, Thymian und glatte Petersilie, gehackt
1 TL frischer Rosmarin, fein gehackt
Meersalz, nach Belieben

BENÖTIGTES MATERIAL: *Küchengarn, Fleischthermometer*

Das Lamm kann auf einem Gasgrill oder einem Holzfeuer gegart werden. Für den Gasgrill die niedrigstmögliche Einstellung wählen, bei einem Holzfeuer die Flammen herunterbrennen lassen, bis nur noch weiße Glut übrig ist.

Olivenöl und geschmolzene Butter vermischen. Mit einem Stück Küchengarn die Rosmarinzweige am unteren Ende wie einen Besen zusammenbinden und zum Bepinseln der Karrees mit der Olivenöl-Butter-Mischung verwenden. Noch nicht salzen oder pfeffern.

Die Lammkarrees langsam grillen, dabei häufig drehen, damit sie rundherum gleichmäßig garen. Gelegentlich mit dem Rosmarinpinsel die Olivenöl-Butter-Mischung auftragen. Das alles ist nicht kompliziert, aber es braucht Zeit und Ihre volle Aufmerksamkeit. Das Fleisch ist

erst nach etwa 45 Minuten perfekt blutig bis rosa gebraten, also versorgen Sie sich vorher mit einem Glas Wein. Ein bisschen Gesellschaft und ein kleiner Schwatz wären auch sehr willkommen.

Nach etwa 45 Minuten sollte das Fleisch innen blutig bis rosa sein, mit einer Kerntemperatur um 55 °C. Wenn Sie Ihr Lamm lieber etwas mehr durchgebraten mögen, garen Sie die Karrees weiter, bis das an der dicksten Stelle eingestochene Thermometer 55–60 °C anzeigt: Das Fleisch ist rosa bis halb durchgebraten. Von weiterem Durchbraten ist abzuraten.

Die fertigen Lammkarrees vom Feuer nehmen, mit Meersalz bestreuen, dann mit den frischen gehackten Kräutern vollständig bedecken. In einem dekorativen Topf oder einer Servierschüssel vor dem Anschneiden 10 Minuten ruhen lassen.

Katalanisches Surf and Turf: Geschmortes Huhn mit Garnelen

Dieses Rezept habe ich zum ersten Mal in Coleman Andrews' „Catalan Cuisine" entdeckt, einem wunderbaren Buch über die katalanische Küche, und bereite es seitdem in regelmäßigen Abständen zu. Ein klassisches katalanisches Ragout, das in *Sofregit* schmort, einer Zwiebel-Tomaten-Mischung, die gedünstet wird, bis sie karamellisiert. Zum Schluss wird mit *Picada* angedickt, einer dicken Paste aus geröstetem Brot, Mandeln, Schokolade, Knoblauch und Petersilie. Ein wahrhaft köstliches Gericht, katalanische Hausmannskost mit dem gewissen Etwas. Probieren Sie es aus, ich schwöre Ihnen, Sie werden genauso süchtig danach wie ich.

FÜR 4 PERSONEN

etwa 60 ml | ¼ cup Olivenöl
etwa 2 kg Hähnchen, in 8 Teile zerlegt
8–12 große Garnelen (etwa 750 g), vorzugsweise mit Schale und Kopf
2 mittelgroße Zwiebeln (etwa 400 g), gewürfelt
300 g (etwa 2 große) Tomaten, enthäutet, entkernt und gewürfelt
1 Stück Brot (etwa 25 g), ohne Rinde
25 g dunkle Schokolade, gehackt
4 Knoblauchzehen (etwa 20 g), geschält
8 Mandeln (etwa 12 g)
4 Stängel frische Petersilie
125 ml | ½ cup trockener Weißwein
1 Spritzer Pernod
Salz

BENÖTIGTES MATERIAL: *ein tiefer Schmortopf mit Deckel*

In dem Schmortopf drei Esslöffel Olivenöl erhitzen. Die Hähnchenteile auf beiden Seiten in zwei Portionen anbraten, damit der Topf nicht zu voll ist und das Fleisch gleichmäßig bräunt. Die Hähnchenteile herausnehmen und beiseitestellen. Die Garnelen in den Topf geben und rasch garen, bis sie rundherum rot sind. Herausnehmen und beiseitestellen.

Die Hitze herunterschalten, die gewürfelten Zwiebeln und eine reichliche Prise Salz in den Topf geben. Die Zwiebeln etwa 5 Minuten anschwitzen, bis sie glasig werden und karamellisieren. Die Tomatenwürfel und eine weitere Prise Salz hinzufügen und erneut 5 Minuten garen, bis die Tomatenstücke zusammenfallen und in die Zwiebeln

„schmelzen" – fertig ist das *Sofregit* der katalanischen Küche.

Die Hähnchenteile auf das Zwiebel-Tomaten-Bett legen, mit etwas Salz bestreuen. Etwa 700 Milliliter/knapp drei *cups* Wasser angießen. Auf starker Hitze aufkochen. Auf schwache Hitze zurückdrehen und 20 Minuten ohne Deckel köcheln lassen.

Währenddessen die *Picada* zubereiten. In einer kleinen Pfanne das restliche Öl erhitzen. Das Brot dazugeben und auf beiden Seiten bräunen. Die gehackte Schokolade, die Knoblauchzehen, Mandeln und das geröstete Brot in eine kleine Küchenmaschine oder einen Mixer füllen. Von zwei Petersilienstängeln die Blätter abzupfen und dazugeben, mit etwas Flüssigkeit aus dem Schmortopf befeuchten und fein pürieren. Beiseitestellen.

Nach 20 Minuten den Weißwein und einen kräftigen Schuss Pernod in den Hähnchentopf geben. Wieder auf starke Hitze stellen und aufkochen. Anschließend auf schwacher Hitze 10–15 Minuten köcheln lassen oder bis die Hähnchenteile zart gegart sind. Die Picada unterrühren und die Garnelen hinzufügen. Abschmecken und bei Bedarf nachsalzen. Den Deckel auflegen und weitere 5 Minuten köcheln lassen. Die restliche Petersilie abzupfen, fein hacken und unmittelbar vor dem Servieren über das Gericht streuen.

Eintopf aus Pflaumen und Wurzelgemüse

Dieses elegante Gemüserezept ist die vereinfachte Version eines Gerichts, das David Kinch in seinem Restaurant „Manresa" im kalifornischen Los Gatos serviert. Es passt wunderbar zu gebratenem Fleisch.

FÜR 4–6 PERSONEN

50 g | ½ cup entkernte Dörrpflaumen
250 ml | 1 cup stark aufgebrühter schwarzer Tee
150 g schwarzer oder weißer Rettich, geschält und in mundgerechte Stücke geschnitten
250 ml | 1 cup Hühner- oder Gemüsebrühe
1 EL Sojasauce
40 g | 3 EL Butter
150 g Babykarotten, der Länge nach geviertelt
150 g La-Ratte-Kartoffeln (oder Bamberger Hörnchen)
1 kleine Zwiebel, fein gehackt
1 große Knoblauchzehe, fein gehackt

150 g Jerusalemartischocken (Topinambur), geschält und in 1 cm dicke Spalten geschnitten
1 Lorbeerblatt
1 Zweig frischer Thymian
2 Stängel frische Petersilie
Saft von ½ Zitrone
Salz und Pfeffer

BENÖTIGTES MATERIAL:
eine große Schmorpfanne aus emailliertem Gusseisen

Die Pflaumen in einem kleinen Topf mit dem Tee bedecken und zum Köcheln bringen. Vom Herd nehmen, zudecken und etwa 1 Stunde stehen lassen, bis die Pflaumen prall sind. Abgießen. Den Backofen auf 200 °C vorheizen.

In einem mittelgroßen Topf die Rettichstücke mit Hühnerbrühe und Sojasauce bedecken und aufkochen. Auf mäßiger Hitze etwa 10 Minuten köcheln lassen, bis das Gemüse weich ist. Abgießen, dabei die Kochflüssigkeit auffangen.

Zwei Esslöffel Butter in einer Pfanne schmelzen. Die Karotten dazugeben und mit Salz und Pfeffer würzen. Auf mittlerer Hitze etwa 2 Minuten unter ständigem Rühren anschwitzen. Die Karotten 2,5 Zentimeter hoch mit Wasser bedecken und aufkochen. Auf mäßiger Hitze etwa 7 Minuten köcheln lassen, bis die Karotten gar sind. Abgießen.

Die restliche Butter in der Schmorpfanne aus emailliertem Gusseisen schmelzen. Die Kartoffeln hinzufügen und auf mäßiger Hitze etwa 8 Minuten braten, dabei wenden, bis sie weich und goldbraun sind. Die gehackte Zwiebel dazugeben und etwa 4 Minuten garen oder bis sie weich sind. Den Knoblauch hinzufügen und etwa 1 Minute weitergaren, bis es herrlich duftet.

Dörrpflaumen, Karotten, Topinamburspalten, Rettichstücke, die aufgefangene Kochflüssigkeit und die Kräuter dazugeben und mit Salz und Pfeffer würzen. Im Backofen etwa 15 Minuten schmoren lassen, bis die Gemüse weich sind und die Flüssigkeit leicht reduziert ist. Den Topf aus dem Ofen nehmen, den Zitronensaft über das Gemüse geben und servieren.

Reis und Nudeln

Safranrisotto mit Lakritzpulver

Nach einem Rezept von Massimiliano Alajmo, Le Calandre, Italien

Dieser köstliche Risotto ist ein perfektes Beispiel für die genialen Einfälle von Massimiliano Alajmo, dem Chef des Drei-Sterne-Restaurants „Le Calandre“ in der Nähe der italienischen Universitätsstadt Padua. Ich muss Sie warnen, Safran und Lakritze sind beide hocharomatisch und ergeben eine umwerfende Geschmackskombination. Probieren Sie das Rezept an einem Tag aus, an dem Sie sich alles zutrauen – gut möglich, dass Sie danach nie wieder einen konventionellen Risotto wollen.

FÜR 4 PERSONEN

2 l Hühnerbrühe
einige Prisen Safranfäden
1 EL natives Olivenöl extra
325 g | 1½ cups Carnaroli-Reis
50 g | ½ mittelgroße Zwiebel, fein gewürfelt
75 ml | ⅓ cup Weißwein
60 g | 4 ½ EL Butter
75 g | ¾ cup geriebener Parmesan
1 EL Zitronensaft
1 kleine Stange Süßholzwurzel (Lakritze) für die Garnitur (gibt es im Reformhaus)
Salz, nach Geschmack

Die Hühnerbrühe in einem Topf auf schwacher Hitze erwärmen. Eine Prise Safran hinzufügen und köcheln lassen.

In einem Stieltopf oder einer tiefen Bratpfanne das Öl erhitzen und auf mittlerer Hitze den Reis anbraten, bis er glasig ist, dabei den Topf ab und zu rütteln. Die Zwiebel hinzufügen, in den Reis rühren und anschwitzen, bis sie glasig ist. Den Wein angießen, gut verrühren, köcheln lassen, bis der meiste Wein verdampft ist. Eine weitere Prise Safran und eine Prise Salz dazugeben.

Nach und nach die heiße Hühnerbrühe kellenweise angießen, bis sie aufgebraucht und die Reiskörner außen cremig, innen aber noch bissfest sind. Der Risotto sollte noch so feucht sein, dass seine Konsistenz an Milchreis erinnert. Vom Herd ziehen und Butter, Parmesan und Zitronensaft unterrühren.

Den Risotto auf vier Teller verteilen und Süßholz fein darüberreiben. Es hat einen so prägnanten Geschmack, dass ich Ihnen dringend rate, auf Nummer sicher zu gehen und lieber zu wenig zu nehmen. Dafür legen Sie dann eine Süßholzstange und eine kleine Reibe auf den Tisch, so kann jeder Gast die geschmackliche Intensität selbst bestimmen.

Und wenn es einmal besonders delikat sein soll: zwei zusätzliche *cups* Hühnerbrühe mit einer großen Prise Safran (oder preiswerterem Safranpulver) erhitzen und auf ein Drittel einkochen. Die leuchtend orangefarbene, hocharomatische Safranreduktion gleichmäßig über den fertigen Risotto löffeln, dessen Farbe dadurch noch kräftiger wird.

Khao Soi: Chiang-Mai-Nudeln mit Curryhuhn

FÜR 4–6 PERSONEN

CURRYHUHN

2 EL Pflanzenöl
75 g | 3 EL rote Currypaste
2 TL Currypulver
½ TL Kurkumapulver (nach Belieben)
1 TL brauner (oder schwarzer) Kardamom, gemahlen (nach Belieben)
700 ml | knapp 3 cups Kokosmilch (siehe Seite 110)*
1,5–2 kg Hähnchen, in große Teile zerlegt, oder 2 Unterkeulen, 2 Oberschenkel und 2 Brustfilets
Fischsauce (Nam Pla), nach Geschmack
700 ml | 3 cups Hühnerbrühe oder Wasser
½ TL Zucker

NUDELN

700 ml–1 l | 3–4 cups Pflanzenöl zum Braten
etwa 1 kg | 7 cups (lose verpackte) chinesische Mie-Eiernudeln

GARNITUR

6 getrocknete Chilischoten
2–3 Schalotten, in dünne Scheiben geschnitten
1 große Handvoll eingelegte chinesische Senfblätter
1 Handvoll frischer Koriander, gehackt
3 Limetten, in Spalten geschnitten

BENÖTIGTES MATERIAL: *ein Wok (oder eine große Bratpfanne)*

Für das Curryhuhn den Wok oder die Pfanne auf mittlerer Hitze heiß werden lassen. Öl, Currypaste, Currypulver, Kurkuma und Kardamom (falls verwendet) in den Wok geben und ständig rühren, damit die Gewürze nicht anbrennen. Ein paar Minuten braten, bis die Currypaste duftet.

Von der cremigen Fettschicht der Kokosmilch (wie Sie Kokosmilch auch selbst herstellen können, beschreibe ich auf Seite 110) etwa 250 Milliliter / ein *cup* abschöpfen und in den Wok geben. Gut verrühren und weitergaren, bis sich eine dünne Schicht rotes Öl aus der Paste löst. Es ist sehr wichtig, dass man wartet, bis sich das Öl aus der Paste löst und man die aromatischen Gewürze riechen kann.

Die Hähnchenteile und ein paar Spritzer Fischsauce hinzufügen. Fleisch und Flüssigkeit gut vermischen und 1–2 Minuten kochen lassen. Die restliche Kokosmilch und etwa 250 Milliliter / ein *cup* Hühnerbrühe (oder Wasser) angießen. Auf schwacher Hitze köcheln lassen, bis die Hähnchenteile gar sind. Falls die Flüssigkeit zu schnell verkocht, etwas Wasser oder Brühe angießen. Khao Soi soll eine eher suppige Konsistenz haben und nicht sämig sein wie eine Sauce.

Den Zucker hinzufügen und abschmecken. Das Curry soll salzig und scharf sein und einen leicht süßlichen Nachgeschmack haben. Zum jetzigen Zeitpunkt sollte es etwas salziger schmecken als später bei Tisch. Wenn das Curry zu wenig gesalzen ist, wird es durch die als Garnitur gereichten Zutaten noch fader, es wäre demnach ratsam, jetzt mit Fischsauce nachzuwürzen.

Während das Hähnchencurry köchelt, die Nudeln und die Garnitur vorbereiten. Einen Teller mit Küchenkrepp belegen und beiseitestellen. Einen Wok oder eine Bratpfanne auf starker Hitze heiß werden lassen. Das Öl etwa 2,5 Zentimeter hoch angießen und sehr heiß werden lassen. In der Zwischenzeit etwa 150 Gramm / ein *cup* Nudeln mit einer Gabel auflockern, um die Stränge zu trennen.

Die Nudeln in kleinen Portionen in das heiße Öl streuen. Sie blähen sich sofort auf wie ein Rettungsfloß. Das „Nudelfloß" einmal wenden, damit es auf beiden Seiten gleichmäßig bräunt. Herausnehmen und zum Abtropfen des überschüssigen Öls auf den Teller mit Küchenkrepp geben. Mit den restlichen aufgelockerten Nudeln ebenso verfahren, bis die gesamten 150 Gramm ausgebacken sind.

Die getrockneten Chilischoten in den Wok geben und rühren, bis alle mit Öl überzogen sind. Darauf achten, dass sie nicht anbrennen. Sie garen sehr schnell und können aus dem Wok genommen werden, sowie sie sich aufblähen. Beiseitestellen und den Wok vom Herd ziehen.

Das fertige Curryhuhn vom Herd nehmen und warm stellen.

Einen großen Topf mit Wasser aufkochen. Die restlichen Nudeln unter fließendem kaltem Wasser abspülen, um überschüssige Stärke zu entfernen. Abtropfen lassen, anschließend in das kochende Wasser geben und 2–3 Minuten garen, dabei umrühren, damit die Nudeln nicht aneinanderkleben.

Die gekochten Nudeln portionsweise auf Schalen verteilen, darauf etwas Curry geben und mit den Schalottenscheiben, den eingelegten, kurz abgepülten und in dünne Scheiben geschnittenen Senfblättern und dem gehackten Koriander garnieren, ganz nach Geschmack. Die braun ausgebackenen Nudeln leicht zerstoßen und über die fertig angerichteten Schalen streuen. Unmittelbar vor dem Essen eine Limettenspalte über dem Curry ausdrücken. Wer es schärfer mag, nimmt sich noch eine frittierte Chilischote dazu.

*** KOKOSMILCH SELBST HERSTELLEN**

Besonders aromatisch schmeckt Kokosmilch, wenn Sie sich die Mühe machen, sie selbst herzustellen. Mit einem kleinen Messer das Fruchtfleisch einer reifen frischen Kokosnuss aus der Schale lösen und die braune Haut abschälen. Das Fleisch fein raspeln oder in 2–3 Zentimeter große Stücke schneiden und portionsweise in der Küchenmaschine fein zerkleinern. Eine Nuss ergibt etwa 500 Gramm Kokosraspel.

Um Kokoscreme zu erhalten – wie sie hier im Rezept und auch sonst zum Braten von Würzpasten verwendet wird – die Kokosraspel in einer Schüssel mit 375 Milliliter heißem Wasser übergießen und 10 Minuten ziehen lassen. Die Mischung durch ein feinmaschiges Sieb oder ein Passiertuch in eine Schüssel gießen und die festen Bestandteile so kräftig wie möglich ausdrücken. Man erhält bei diesem ersten Durchgang etwa 250 Milliliter Kokoscreme. Für die Herstellung von Kokosmilch, die in Currys und Suppen verwendet wird, die Kokosraspel mit 750 ml heißem Wasser nochmals übergießen, 15 Minuten ziehen lassen und die Mischung wie zuvor durchseihen und ausdrücken. Dabei erhält man etwa 625 ml Kokosmilch. Kokosmilch und -creme im Kühlschrank aufbewahren und innerhalb von 3 Tagen verbrauchen.

Wenn Ihnen das Knacken einer Kokosnuss dafür zu mühsam ist, können Sie Kokoscreme und -milch auch mit fertig gekauften, getrockneten Kokosraspeln zubereiten. Lassen Sie jedoch die Kokosraspel mit dem Wasser mindestens 30 Sekunden durchmixen beziehungsweise 4–5 Minuten in einem Topf köcheln. Die etwas abgekühlte Mischung abtropfen lassen und ausdrücken, wie oben beschrieben.

Reis aus dem Tontopf mit Lammwurst und Wildpilzen

Der kalifornische Küchenchef David Kinch hat einmal gesagt, eine Mahlzeit ohne Reis sei nicht komplett, und damit hat er wahrscheinlich recht. Dieses deftige, im Tontopf gegarte Reisgericht ist eine wunderbare Beilage und auch für sich allein ein Gedicht.

Reste können mit ein paar Eiern in der Pfanne knusprig gebraten, in Streifen geschnitten und als köstliches, sättigendes Frühstück serviert werden.

FÜR 8 PERSONEN

300 g | etwa 4 cups schwarze Trompetenpilze (oder andere Wildpilze, die Sie finden können)
750 ml | 3 cups Pilzbrühe (siehe Seite 114)*
Sojasauce, nach Geschmack
450 g Wurstbrät vom Lamm
325 g | 1½ cups japanischer Kurzkornreis
Salz

BENÖTIGTES MATERIAL:
ein großer Tontopf mit 15–17 Zentimeter Durchmesser, groß genug für 2 Liter Inhalt
BACKOFEN VORHEIZEN AUF: *190 °C*

Die Pilze mit einer Bürste vorsichtig vom Schmutz befreien. Wenn sehr viel Erde an ihnen haftet, rasch unter fließendem Wasser abspülen, gut abtropfen lassen und auf einem mit Küchenkrepp ausgelegten Tablett eine Zeit lang trocknen lassen. In Scheiben schneiden und beiseitestellen.

Die Brühe in einem Suppentopf erhitzen, bis sie sanft köchelt. Sorgfältig mit Salz und Sojasauce abschmecken.

In der Zwischenzeit eine große Pfanne bei starker Hitze heiß werden lassen. Das Wurstbrät hineingeben und leicht auf den Pfannenboden drücken, damit es eine Art dicke Frikadelle bildet. Bräunen lassen, dann wenden und auf der anderen Seite ebenfalls braun braten. Mit einem Holzspatel aus der Pfanne heben und beiseitestellen. Das ausgebratene Fett in der Pfanne lassen.

Auf schwache Hitze schalten und die Pfanne zurück auf den Herd stellen. Den Reis hineingeben und umrühren, bis alle Körner von dem Fett überzogen sind. 2–3 Minuten weiterbraten und rühren, bis der Reis glasig ist.

Einen großen Tontopf bei schwacher Hitze auf den Herd stellen. Die heiße Brühe und den angebratenen Reis hineingeben. Umrühren, den Deckel auflegen und etwa 20 Minuten köcheln lassen, bis der Reis die ganze Flüssigkeit aufgenommen hat und weich ist. Den Herd ausschalten.

Während der Reis gart, die Pfanne, in der der Reis angedünstet wurde, zurück auf den Herd stellen und sehr heiß werden lassen. Die vorbereiteten Pilze hineingeben und braun braten. Vom Herd ziehen und beiseitestellen.

Die Wurstbrät-Frikadelle in große Stücke brechen und in den Tontopf geben. Die gebräunten Pilze ebenfalls hinzufügen und vorsichtig unterheben, um das Fleisch, die Pilze und den Reis gut zu vermischen. Den Deckel wieder auflegen und den Topf in den vorgeheizten Backofen schieben.

Nach 30 Minuten den Topf wieder aus dem Ofen ziehen. Beiseitestellen und vor dem Servieren 10 Minuten ruhen lassen. Auf diese Weise löst sich die Kruste, die sich während der Backzeit im Ofen gebildet hat, leichter vom Topfboden.

*Wenn Sie keine Pilzbrühe vorrätig haben, können Sie ebenso gut Hühner- oder Gemüsebrühe verwenden. Sie können der Brühe Pilzgeschmack verleihen, indem Sie die abgeschnittenen Pilzenden in den Suppentopf geben und köcheln lassen, bis die Brühe gebraucht wird. Zum Entfernen der Pilzenden die Brühe abseihen, ehe sie mit dem Reis in den Tontopf gegossen wird.

Chorizo-Eier-Kartoffel-Pfanne

David Kinch beliebt zu sagen, dies sei seine mexikanisch-kalifornische Version des Alpenklassikers Rösti. Es ist natürlich weder ein Reis- noch ein Nudelgericht, aber wir essen es oft zum Frühstück mit Tortillas, deshalb möchte ich Ihnen das Rezept nicht vorenthalten.

FÜR 8 PERSONEN

450 g mexikanische (oder spanische) Chorizo (frisch und ohne Haut)
1 Zwiebel, fein gehackt
450 g festkochende Kartoffeln (Charlotte), gekocht, gepellt und grob gewürfelt
1 Prise Salz
8 Eier
schwarzer Pfeffer
Schnittlauchröllchen als Garnitur

BEILAGE: *getoastetes Brot oder warme Tortillas*
BENÖTIGTES MATERIAL: *eine ofenfeste gusseiserne Pfanne mit 30 Zentimeter Durchmesser*
BACKOFEN VORHEIZEN AUF: *160 °C*

Die gusseiserne Pfanne bei mittlerer Hitze auf den Herd stellen. Die gehäutete Chorizo hineingeben und mit einem Holzlöffel zerpflücken. Sowie das Fett aus dem Wurstfleisch austritt, die gehackte Zwiebel hinzufügen. Bei mittlerer Hitze garen, bis das gesamte Fett ausgetreten und das Wurstfleisch durchgebraten ist. Die Pfanne vom Herd ziehen, Chorizo und Zwiebeln zum Abtropfen in ein Sieb geben und das Fett in einer untergestellten Schüssel auffangen.

Zwei Esslöffel von dem Fett wieder in die Pfanne geben und bei mittlerer Hitze auf den Herd stellen. Die gekochten Kartoffelstücke und eine Prise Salz hinzufügen und braten, bis sie rundherum knusprig braun sind. Chorizo und Zwiebeln wieder in die Pfanne geben und gut mit den Kartoffeln verrühren. Die Mischung gleichmäßig in der Pfanne verteilen und mit einem Holzlöffel acht etwa 2,5 Zentimeter tiefe Mulden hineindrücken. In jede Mulde ein aufgeschlagenes Ei gleiten lassen. Die Pfanne für 6–8 Minuten in den vorgeheizten Backofen schieben, bis das Eiweiß fest, das Eigelb aber noch flüssig ist. Die Pfanne aus dem Ofen ziehen, die Eier mit einer Prise Salz, Pfeffer und eventuell ein paar Schnittlauchröllchen würzen.

Süßes und pikantes Gebäck

Offen gesagt nehme ich niemanden ernst, der mir erzählt, er könne nicht backen. Es ist wirklich nicht kompliziert, man muss es nur einmal versuchen. Backen gibt einem ein befriedigendes Gefühl, außerdem macht es Spaß. Geben Sie sich einen Ruck, lernen Sie, wie man beispielsweise meinen knusprigen Blätterteig (Seite 119) zubereitet, und schon öffnet sich Ihnen eine ganze Welt köstlicher Obstkuchen. Glauben Sie mir, wenn Sie den erst einmal probiert haben, werden Sie den ganzen Sommer über an jedem Wochenende einen Kuchen backen.

GRUNDTEIG

Ausreichend für eine Tarte von 23 cm Durchmesser

PÂTE SABLÉE (SÜSSER MÜRBETEIG)

125 g | 1 cup + 2 EL einfaches Weizenmehl
25 g | 2 EL Zucker (fakultativ)
110 g | ½ cup kalte Butter
1 EL kalte Milch (zur Not tut es auch Wasser)
½ TL Salz

BENÖTIGTES MATERIAL: *eine Tarteform (23 cm Durchmesser), eine Teigkarte*

Zubereitung mit der Hand

In einer großen Schüssel das Mehl und den Zucker mit den Fingern gut vermischen. Die kalte Butter in Flöckchen schneiden und auf das aufgehäufte Mehl geben. Mit den Fingern die Butter unter das Mehl mischen.

Mit einer Teigkarte oder den Zinken einer Gabel oder mit den Fingern die Butter in das Mehl einarbeiten, bis ein krümeliger Teig entsteht und die Butterstückchen etwa die Größe von Erbsen haben. Rasch arbeiten, damit die Butter nicht zu weich wird; die Stückchen müssen nicht gleich groß sein.

Salz hinzufügen, die Milch darüber träufeln und mit den Fingern gleichmäßig verteilen. Den Teig zu einer Kugel formen, leicht kneten, mit dem Handballen flach drücken und zur Mitte hin zusammenfalten. Mehrmals wiederholen, bis der Teig bindet. (Wenn er zu klebrig wird, die Hände mit etwas Mehl bestäuben). Zwischen zwei Stück Klarsichtfolie zu einer Scheibe von zehn bis zwölf Zentimeter Durchmesser flach drücken. Fest einwickeln und vor dem Ausrollen mindestens 2 Stunden oder über Nacht im Kühlschrank ruhen lassen.

Zubereitung in der Küchenmaschine

Mehl und Zucker in die Arbeitsschüssel der Küchenmaschine geben und kurz vermischen. Die kalte Butter grob würfeln und auf die Mehl-Zucker-Mischung geben. Mehrere Male pulsierend mixen, bis der Teig wie feuchter, klumpiger Sand aussieht, in dem noch ein paar größere Stücke Butter sichtbar sind. Das Salz hinzufügen, die Milch darüberträufeln und erneut einige Male pulsierend mixen, bis der Teig anfängt, sich zusammenzuballen. Etwas Mehl auf eine trockene Arbeitsfläche streuen und die Schüssel daraufleeren. Den Teig mit den Händen rasch ein paar Mal durchkneten, mit dem Handballen flach drücken und zur Mitte hin zu einer Kugel zusammenlegen. Nun weiter verfahren wie oben beschrieben. Der Teig kann auch eingefroren und später verwendet werden. (Für Tipps zum Thema Einfrieren und Auftauen von Teig, siehe Seite 128).

Ich rolle den Teig lieber aus, anstatt ihn mit der Hand in die Form zu drücken. Das hört sich zwar einfacher an, aber tatsächlich beschert es einem nur Probleme und der Teigboden wird nicht gleichmäßig dünn. Wenn Sie Bedenken haben, dass der Teig zu klebrig ist, rollen Sie ihn zwischen zwei Stück Klarsichtfolie in die gewünschte Größe aus: Die Teigplatte sollte rundherum drei bis vier Zentimeter über den Formrand hinausstehen. Falls sie nicht ganz rund ist, kann sie später problemlos mit dem überschüssigen Teig ausgebessert werden. Und machen Sie sich wegen eventuell entstandener Risse keine Sorgen. Drücken Sie den Teig an den entsprechenden Stellen einfach wieder zusammen oder setzen Sie einen Streifen von dem überschüssigen Teig ein. Ziehen Sie eine der Folien ab, heben Sie die Teigplatte mithilfe der anderen Folie an und stürzen Sie sie in die Form. Ziehen Sie die andere Folie ab und drücken Sie den Teig überall gut fest. Rollen Sie das Rollholz fest über den Rand der Tarteform, um die überschüssigen Teigreste abzulösen, mit denen Sie dann die Schadstellen ausbessern können.

Wenn Sie trotzdem den Teig lieber nicht ausrollen möchten, lassen Sie ihn nicht ruhen, ehe Sie ihn in die Form drücken. Vermischen Sie die Butter, das Mehl und die Milch nur so lange miteinander (in der Küchenmaschine oder mit den Händen), bis der Teig bindet. Kneten Sie ihn nicht, sondern verteilen Sie die ziemlich trockenen Kügelchen gleichmäßig über die Form. Legen Sie ein großes Stück Klarsichtfolie darüber und drücken Sie den Teig mit den Fingerspitzen oder dem Handballen gleichmäßig auf den Boden und in die Konturen der Form. Wickeln Sie die so ausgekleidete Form fest in Klarsichtfolie und stellen Sie sie für mindestens 2 Stunden oder über Nacht in den Kühlschrank.

Knuspriger Blätterteig für Pies und ohne Form gebackene Tartes

Dieser Teig ist ziemlich fest, wird aber beim Backen erstaunlich locker und zart. Er eignet sich perfekt für eine Pie oder eine Tarte, die ohne Form gebacken wird. (Für eine Tarte in der Form bevorzuge ich allerdings mein Basic-Rezept für süßen Mürbeteig, Seite 116.) Der Teig ist durch einen puren Zufall entstanden. Ich wollte ein Rezept von Judy Rodger, der Chefin des „Zuni Café" in San Francisco, ausprobieren, habe dabei alle Mengenangaben verdoppelt, nur die für Wasser aus Versehen nicht. Der so entstandene Teig war unglaublich leicht zu verarbeiten. Er ließ sich endlos dehnen und ausrollen, entwickelte sich aber im Backofen zu dem leichtesten, lockersten und zartesten Teig, der mir jemals geglückt ist. Er ist so fantastisch, dass ich ihn „Zauberteig" getauft habe. Glauben Sie mir: Wenn Sie das Rezept erst einmal ausprobiert haben, werden Sie es adoptieren. Die Mengenangaben sind ausreichend für zwei Tartes von jeweils 25 Zentimeter Durchmesser oder für einen Pie mit Teigdeckel.

FÜR 6–8 PERSONEN

250 g | 1¾ cups einfaches Weizenmehl
225 g | 1 cup gesalzene Butter (oder normale Butter + ½ TL Salz)
60 ml | ¼ cup kaltes Wasser

BENÖTIGTES MATERIAL: *eine Teigkarte*

Das Mehl auf eine saubere Arbeitsfläche geben. Die Butter grob würfeln und in einer Schicht auf dem Mehl verteilen. Mit dem Handballen die Butter in das Mehl drücken. Dabei mit der Teigkarte immer wieder von der Seite her ein wenig von der Mischung abtrennen und auf das angehäufte Mehl schaufeln. Weiter abtrennen, schaufeln und drücken, bis die Butter mit dem Mehl kleine Flocken bildet.

Den Teig nun mit den Fingerspitzen verreiben, bis die Flocken leicht auseinanderfallen. Der Teig ist jetzt eine Mischung aus Flöckchen und Krümeln.

Das kalte Wasser nach und nach dazugießen und mit den Fingern behutsam einarbeiten. Den Teig von der Arbeitsfläche lösen, mehrfach zusammenfalten und mit dem Handballen durchkneten, bis er bindet. Zu einer Kugel formen, flach drücken, fest in Klarsichtfolie einwickeln und im Kühlschrank ruhen lassen.

Den Teig nach 30 Minuten auf einer bemehlten Arbeitsfläche zwei bis drei Zentimeter dick zu einem Rechteck ausrollen. Von den Schmalseiten her jeweils ein Drittel zur Mitte hin einschlagen, um 90 Grad drehen und wieder zu einem Rechteck ausrollen. Den Vorgang mehrmals wiederholen. Den fertigen Teig halbieren und zwei möglichst runde Scheiben formen. Jede Scheibe fest in Klarsichtfolie einwickeln und in den Kühlschrank geben. Der Teig sollte vor der weiteren Verarbeitung mindestens 1 Stunde ruhen; tiefgekühlt hält er sich bis zu 1 Monat.

Ländliche Obsttarte

Den knusprigen Blätterteig können Sie für endlos viele Obsttarte-Varianten verwenden. Das ist so einfach, dass man dafür eigentlich kein Rezept braucht. Rollen Sie eine Teigscheibe rund aus (Durchmesser 25–30 Zentimeter), bestreichen Sie sie mit drei Esslöffeln Frangipane (Mandelcreme, Rezept siehe unten) und sparen Sie dabei einen etwa zwei Zentimeter breiten Rand aus. Schneiden Sie ein paar Früchte (Pfirsiche, Pflaumen, Äpfel, pochierte Birnen oder worauf Sie gerade Lust haben) in dünne Spalten und belegen Sie damit den Teigboden in einer nicht zu dicken (und möglichst dekorativen) Schicht. Falten Sie den Rand nach innen und drücken Sie ihn etwas zusammen, damit er hält. Wenn Sie mögen, können Sie den Teig mit verquirltem Ei bepinseln und die Früchte großzügig mit Zucker bestreuen. Backen Sie die Tarte 45–60 Minuten im auf 200 °C vorgeheizten Ofen, bis der Teig goldbraun ist und die Früchte karamellisiert sind.

Frangipane

Frangipane ist eine französische Mandelcreme, die häufig für Gebäck verwendet wird und die man vielfältig einsetzen kann, zum Beispiel für Obsttartes, Kekse oder einfach zum Füllen fertig gekaufter Croissants als kleine Überraschung zum Frühstück.

In den meisten Frangipane-Rezepten wird als Zutat Mandelpaste angegeben, die nicht einfach zu finden und darüber hinaus noch ziemlich teuer ist. Für mein Rezept, das ich von dem legendären französischen Küchenchef Michel Bras übernommen habe, werden ganze Mandeln verwendet. Diese Variante ist wesentlich schmackhafter und hat eine etwas gröbere Konsistenz, was ich auch lieber mag. Für gewöhnlich bereite ich eine größere Menge vor, die dann gut verpackt im Tiefkühler auf meine spontanen Backgelüste warten kann.

Im Hochsommer, wenn Kernobst wie Pfirsiche, Aprikosen, Nektarinen oder Pflaumen reif sind, backe ich gerne Tartes ohne Form, die ich mit so viel Obst wie nur möglich belege. Vorher bestreiche ich den Teigboden mit gerade so viel Frangipane, dass das Mandelaroma den Geschmack der Früchte nicht übertönt. Die Creme saugt den Saft der Früchte zum Teil auf und dickt ihn an, sodass der Teig knusprig bleibt. Im Herbst mache ich oft eine Füllung aus Frangipane und Birnen, Quitten oder Äpfeln.

Ein Stück der noch lauwarmen Tarte mit einer guten Tasse Tee oder heißer Schokolade ist eine wahre Wohltat an einem kalten Tag. Dazu noch ein gutes Buch und eine kuschelige Sofaecke – Herz, was willst du mehr! Das folgende Rezept ist ausreichend für eine Tarte mit einem Durchmesser von 25 Zentimeter oder für mehrere kleine, ohne Form gebackene Tartes.

FÜR 6–8 PERSONEN

80 g | ½ cup ganze Mandeln
40 g Zucker
40 g Puderzucker (kann notfalls durch Kristallzucker ersetzt werden)
80 g Butter, in Zimmertemperatur
1 Ei

BACKOFEN VORHEIZEN AUF: *180 °C*

Die Mandeln gleichmäßig auf einem Backblech verteilen und in den heißen Ofen schieben. Etwa 10–12 Minuten rösten, bis sie leicht gebräunt und sind und duften. Auf einen Teller geben und bei Raumtemperatur abkühlen lassen.

Die abgekühlten Mandeln und den Zucker in die Arbeitsschüssel der Küchenmaschine geben und fein zermahlen. Die Butter hinzufügen und mehrere Male pulsierend mixen, bis die Butter gleichmäßig verteilt ist. Das Ei in den laufenden Mixer geben. Ausschalten, sowie das Ei gleichmäßig verrührt ist und sich eine homogene Masse gebildet hat. Die Frangipane in eine Schale füllen und beiseitestellen. In Klarsichtfolie eingewickelt hält sie sich einige Tage im Kühlschrank oder einige Wochen im Tiefkühler.

Obsttarte mit Frangipane

FÜR 6–8 PERSONEN

1 Portion süßer Mürbeteig (Rezept siehe Seite 116)
1 Portion Frangipane (Rezept siehe Seite 120)
3–4 große Pfirsiche oder 10–12 Aprikosen oder eine Mischung aus beiden

BENÖTIGTES MATERIAL: *eine Tarteform (Durchmesser 23 cm)*
BACKOFEN VORHEIZEN AUF: *190 °C*

Die Tarteform mit dem Mürbeteig auskleiden. Zu etwa zwei Dritteln mit Frangipane füllen, eventuelle Reste sofort zurück in den Kühlschrank stellen.

Die Pfirsiche je nach Größe in jeweils sechs bis acht Spalten schneiden und in überlappenden Kreisen auf dem Teigboden anordnen, dabei leicht in die Mandelcreme drücken. Falls Aprikosen verwendet werden, die Früchte halbieren und mit der Schnittfläche nach oben auf dem Teig verteilen.

Die Tarte auf der unteren Schiene in den Backofen schieben, als Spritzschutz ein Backblech darunter legen. Etwa 45 Minuten backen, bis der Teig goldbraun ist und die an der Oberfläche gebräunte Frangipane bei Berührung leicht nachgibt.

Tomatentarte in Parmesanteigkruste

Diese Tarte habe ich zum ersten Mal in dem berühmten Pariser Restaurant „La Régalade" gegessen. Sie bietet den perfekten Kontrast zwischen der butterigen, herzhaften Teigkruste und der saftigen Frische der Tomaten. Leider war La Régalade länger geschlossen, Yves Camdeborde hat das Restaurant verkauft und kocht mittlerweile in seinem nostalgischen Bistro „Le Comptoir" im Herzen von Saint-Germain. Soweit ich wusste, war seine Tomatentarte nicht mit umgezogen, also musste ich sie selber backen. Die Tarte kann als Vorspeise eines mehrgängigen Menüs serviert werden oder als sättigendes Mittagessen mit einem grünen Salat.

FÜR 4 PERSONEN ALS HAUPTGERICHT,
FÜR 6 PERSONEN ALS VORSPEISE

TEIGMANTEL
200 g | 1½ cups einfaches Weizenmehl
100 g | ¾ cup Parmesan, frisch gerieben
200 g | 1½ cups + 1 EL Butter, kühl aber nicht hart, annähernd mit Zimmertemperatur

TOMATENFÜLLUNG
3–4 Fleischtomaten oder 8–10 kleine Tomaten aus einheimischem Anbau
½ EL grobkörniges Salz oder Fleur de Sel
einige Stückchen Mozzarella (nach Belieben)

BENÖTIGTES MATERIAL: *eine Tarteform (25 cm Durchmesser) mit gewelltem Rand und herausnehmbarem Boden, Füllung zum Blindbacken (getrocknete Hülsenfrüchte, Reis oder sogar Centstücke)*

BACKOFEN VORHEIZEN AUF: *190 °C*

Für den Teig Mehl, Parmesan und Butter in die Arbeitsschüssel der Küchenmaschine geben und fünf- bis zehnmal pulsierend mixen. Die Zutaten beginnen, sich zu mischen, und werden leicht krümelig. Wenn der Teig aussieht wie ein Klumpen nasser Sand, weitere 7–10 Sekunden mixen, bis sich eine Kugel geformt hat.

Die Schüssel auf ein Holzbrett leeren. Den Teig falten und leicht mit der Handfläche flach drücken. Erneut falten und wieder flach

drücken. Den Vorgang vier- bis fünfmal wiederholen. Mit einer Teigkarte vereinzelte Teilchen vom Brett aufsammeln und in den Teig drücken, das Ganze erneut falten und mit der Handfläche flach drücken. Der Teig sollte jetzt die Konsistenz von Knetmasse haben und ganz leicht zu verarbeiten sein.

Die Form auskleiden
Ohne Ausrollen: Der Teig kann in seiner jetzigen Beschaffenheit sofort in die Tarteform gedrückt werden. Darauf achten, dass mit kühlen Händen gearbeitet wird, sonst wird das Ganze zu einer klebrigen Angelegenheit. (Ein Stück Klarsichtfolie zwischen Teig und Hand ist dabei sehr hilfreich.) Den Teig mit den Händen gleichmäßig in den Formboden und den Rand hinauf drücken. Die ausgekleidete Form in Klarsichtfolie wickeln und für 30–60 Minuten in den Kühlschrank stellen. Fest eingewickelt kann sie ohne Weiteres bis zum nächsten Tag kühl gestellt werden, was vor einer Party ganz praktisch ist.

Soll der Teig ausgerollt werden (was ich persönlich einfacher finde), muss er etwa 1 Stunde bis zu 1 Tag im Kühlschrank ruhen. Zu einer Kugel formen und zu einer Scheibe von 10–15 Zentimeter Durchmesser und etwa zwei Zentimeter Dicke flach drücken. Fest in Klarsichtfolie einwickeln und bis zur weiteren Verarbeitung in den Kühlschrank legen. Der Teig kann auch eingefroren werden. (Tiefgekühlt ist er 3 Monate haltbar. 1 Tag vor der Verwendung im Kühlschrank langsam auftauen lassen.)

Teig, der länger als 1 Stunde im Kühlschrank war, vor dem Ausrollen eine Zeit lang temperieren lassen. Er sollte geschmeidig sein und beim Ausrollen nicht reißen. Den Teig zu einer runden Platte ausrollen, die etwa vier Zentimeter über den Rand der Form hinaussteht.

Den Teig in die Form legen und am Boden und am Rand gut festdrücken. Die Form ist jetzt gleichmäßig ausgekleidet, so dass der Teig auch gleichmäßig backen wird. Den Boden mit einer Gabel mehrfach anstechen, damit Luft entweichen kann und der Teigboden beim Blindbacken keine Blasen wirft.

Aus Backpapier oder Alufolie einen Kreis schneiden, der etwas größer ist als die Tarteform. In die ausgekleidete Form legen und die getrockneten Hülsenfrüchte oder andere Blindback-Füllung darüber verteilen. 20 Minuten backen.

In der Zwischenzeit die Tomaten vorbereiten. Ein großes Backblech mit Küchenkrepp auslegen. Die Tomaten waschen, abtrocknen und in etwa einen Zentimeter dicke Scheiben schneiden. Nebeneinander auf das Backblech legen, ohne dass sie sich überlappen. Mit dem groben Salz oder Fleur de Sel bestreuen und etwa 20 Minuten Flüssigkeit ziehen lassen.

Nach 20 Minuten die Tarteform aus dem Ofen nehmen und die Blindback-Füllung samt Backpapier beziehungsweise Alufolie entfernen. Den Teig ein paar Minuten abkühlen lassen. Den Backofen auf 200 °C hochdrehen. Wenn die Teighülle problemlos berührt werden kann, ist sie bereit für die Füllung.

Mit einer Lage Küchenkrepp leicht auf die Tomaten drücken, damit sie überschüssige Flüssigkeit abgeben. Die Tomatenscheiben nacheinander behutsam und leicht überlappend auf dem Teigboden verteilen, bis er vollständig bedeckt ist. Die Tarte zurück in den Ofen schieben und weitere 15 Minuten backen, bis der Teigmantel goldbraun ist. Für die Schlemmervariante ein paar Stückchen frischen Mozzarella etwa 10 Minuten vor Ende der Backzeit auf den Tomaten verteilen. Die fertige Tarte aus dem Ofen ziehen und vor dem Anschneiden noch 5–10 Minuten abkühlen lassen.

Foodie-Idee

Mit diesem Teig kann man die köstlichsten Parmesan-Plätzchen backen. Sie sind so wunderbar zart, dass sie schon vom bloßen Hinsehen zerfallen. Für das Gebäck den Teig zu einer Rolle formen, mit Klarsichtfolie oder Backpapier einwickeln und für mindestens 1 Stunde in den Kühlschrank legen. Anschließend in fünf Millimeter dicke Scheiben schneiden und bei 190 °C etwa 15 Minuten backen, bis sie goldbraun sind. Mit Käse oder als Horsd'œuvre servieren.

Bitterschokoladen-Tarte

Nach einem Rezept von Bernard Pacaud, dem Drei-Sterne-Koch des Pariser Restaurants „L'Ambroisie"

„L'Ambroisie", das altehrwürdige Restaurant unter den Arkaden am Place des Vosges, gehört schon lange zu meinen Lieblingsadressen. Hier bietet Bernard Pacaud, bei dem schon François Mitterand gerne zu Gast war, als er noch in seinem ersten eigenen Restaurant am Quai de la Tournelle kochte, französische Küche alter Schule in Vollendung. Zu seinen berühmten Klassikern gehören *Navarin de hommard* (Hummer-ragout) und *Queue de bœuf au vin rouge* (Ochsenschwanz in Rotwein), aber auch die *Tarte au chocolat amer* (Bitterschokoladen-Tarte). Wann immer ich dort diniere, ist diese delikate Tarte mit ihrer einzigartigen, luftig-locker geschlagenen Schokoladenfüllung der krönende Abschluss meiner Mahlzeit.

SÜSSER MÜRBETEIG

150 g | 2/3 cup Butter, mit Zimmertemperatur
2/3 TL Salz
75 g | 1/3 cup Zucker
1 Ei
200 g | 1½ cups Mehl

SCHOKOLADENFÜLLUNG

300 g Bitterschokolade
2 Eier
4 Eigelb
60 g | ¼ cup Zucker
200 g | ¾ cup Butter, mit Zimmertemperatur

BENÖTIGTES MATERIAL: *eine Tarteform (30 cm Durchmesser) mit gewelltem Rand und herausnehmbarem Boden; Füllung zum Blindbacken (getrocknete Hülsenfrüchte, Reis oder sogar Centstücke)*
DAZU SERVIEREN: *Vanille-Eiscreme oder Schlagsahne*
BACKOFEN VORHEIZEN AUF: *180 °C*

Butter, Salz, Zucker und Ei in die Arbeitsschüssel der Küchenmaschine geben und mixen, bis eine homogene Mischung entsteht. Mehl hinzufügen und mehrere Male pulsierend mixen, bis es gut in die Buttermischung eingearbeitet ist. Die Konsistenz gleicht jetzt klumpigem, nas-

sem Sand. Noch einige Male pulsierend mixen, bis sich eine Teigkugel formt.

Zum jetzigen Zeitpunkt hat man zwei Möglichkeiten: Entweder man drückt den Teig sofort in die Tarteform oder man lässt ihn ruhen und rollt ihn später aus. Eins ist so einfach wie das andere. Wenn man sich vor dem Ausrollen scheut, kann man den Teig ohne Weiteres mit den Händen in die Form drücken.

In dem Fall ein Stück Klarsichtfolie um eine Hand wickeln und damit den Teig rundherum in die Form drücken. Darauf achten, dass die Form gleichmäßig ausgekleidet wird. Einen Finger der freien Hand mit Folie umwickeln und den Teig von oben in den gewellten Rand, gleichzeitig mit der anderen Hand den Teigboden in die Kante drücken. Auf diese Weise wird rundherum ein gleichmäßiger Rand geformt.

Zum Schluss ein großes Stück Klarsichtfolie auf Teigboden und -rand drücken und Unebenheiten ausgleichen, damit der Teigmantel vollkommen gleichmäßig ist. Die Form in Klarsichtfolie wickeln und für mindestens 2 Stunden oder über Nacht im Kühlschrank ruhen lassen.

Soll der Teigboden ausgerollt werden, die Teigkugel aus der Kü-chenmaschine nehmen, zu einer Scheibe von etwa zehn Zentimeter Durchmesser flach drücken, in Klarsichtfolie wickeln und mindestens 2 Stunden oder über Nacht im Kühlschrank ruhen lassen. Den Teig auf einer sauberen, bemehlten Fläche zu einer Platte von etwa 33 Zentimeter Durchmesser ausrollen. An einer Seite anheben, locker um das Rollholz wickeln und vorsichtig in die Tarteform gleiten lassen. Die Außenkante der Teigplatte rundherum mit den Fingern in die Form drücken. So entsteht ein gleichmäßiger Rand, der während des Backens nicht so stark abrutscht. Risse im Teig zusammenfügen oder mit Resten ausbessern. Mit dem Rollholz fest über den Rand der Form rollen, um den überschüssigen Teig sauber zu entfernen.

Aus Alufolie oder Backpapier einen etwas größeren Kreis als die Form ausschneiden, auf den Teig legen und die Hülsenfrüchte gleichmäßig darauf verteilen. Auf diese Weise geht der Teigboden nicht auf und der Rand rutscht während des Vorbackens (oder Blindbackens, wie die Fachleute sagen) nicht zu sehr ab. Die Teighülle 12 Minuten backen. Die Blindfüllung samt Unterlage entfernen. Abkühlen lassen.

In der Zwischenzeit die Schokolade grob zerkleinern und in ein Bain-Marie geben, wie die Gastronomen es nennen, was aber nichts anderes ist als eine Schüssel über einem Topf mit siedendem Wasser, wobei die Schüssel das Wasser nicht berühren darf. Ist die Schokolade geschmolzen, vom Wasserbad nehmen und abkühlen lassen. Eier, Eigelbe und Zucker in einer anderen Schüssel hellcremig „zum Band" schlagen: Wenn man mit dem Schneebesen etwas Masse in die Luft zieht, tropft sie durchgehend als Band ab. Die Butter unter die etwas abgekühlte geschmolzene Schokolade rühren, mit der Eier-Zucker-Masse zu einer homogenen Mischung verarbeiten und in die vorgebackene Teighülle gießen.

Die Form in den Ofen schieben und 18–20 Minuten backen. Die fertige Tarte abkühlen lassen, bis sie lauwarm ist. Pur genießen oder mit einer Kugel Vanilleeis oder einem Klecks Schlagsahne als kleine Extrasünde servieren.

Im „L'Ambroisie" besteht der unübertreffliche Sommelier Pierre Lemoullac – Monsieur Pierre, wie ihn alle liebevoll nennen – darauf, die Schokoladentarte mit einem wunderbar gereiften Whisky zu servieren. Versuchen Sie, ihm zu widerstehen – ich für meinen Teil habe das nie geschafft.

Brillant au Caramel

Nach einem Rezept von Pierre und Michel Troisgros

Diese Schokoladen-Karamell-Tarte ist das Paradedessert der französischen Drei-Sterne-Köche Pierre und Michel Troisgros und war über Jahrzehnte fester Bestandteil der Speisekarte und der absolute Favorit der Gäste des Maison Troisgros.

FÜR 6–8 PERSONEN

1 Portion süßer Mürbeteig (Rezept siehe Seite 116)

SCHOKOLADENGANACHE
100 g dunkle Schokolade (mindestens 70 % Kakaoanteil)
120 ml | ½ cup Crème double

KARAMELL
160 g Zucker
150 ml | ½ cup + 2 EL Sahne
75 g gesalzene Butter (oder normale Butter + 1 Prise Salz), mit Raumtemperatur

BENÖTIGTES MATERIAL: *eine Tarteform (Durchmesser 23 cm) mit herausnehmbarem Boden, 1 Küchenthermometer (fakultativ), ein Spritzbeutel mit Stern- oder einer anderen runden Tülle*
BACKOFEN VORHEIZEN AUF: *180 °C*

Die Tarteform mit dem Mürbeteigboden auskleiden (wie auf Seite 128 beschrieben) und fertig backen. Auf einem Kuchengitter vollständig auskühlen lassen.

Die Schokolade grob zerkleinern. Die Crème double in einen mittelgroßen Stieltopf geben und auf niedriger Hitze zum Köcheln bringen. Die Schokoladenstücke hinzufügen und etwa 2 Minuten schmelzen lassen. Mit einem Schneebesen glatt rühren und etwas abkühlen lassen.

Die Ganache in einen Spritzbeutel mit einer mittleren Sterntülle (oder einer anderen runden Tülle) füllen. Um die Teighülle herum einen Rand und vier diagonale Streifen als Einteilung für acht Stücke spritzen. Die Tarte in den Kühlschrank stellen, bis die Ganache fest ist.

Für den Karamell den Zucker in eine mittelgroße Pfanne geben und langsam bei mittlerer Wärmezufuhr schmelzen lassen. Die Pfanne von Zeit zu Zeit schütteln, bis der ganze Zucker geschmolzen ist. Nach Möglichkeit nicht umrühren.

Die Sahne in einen zweiten kleinen Topf gießen und leicht zum Köcheln bringen. Wenn der Zucker geschmolzen ist und sich goldgelb färbt, die Sahne hinzufügen und alles gut vermischen. Die Butter in Flöckchen dazugeben und unterrühren. Den Karamell beiseitestellen, bis er lauwarm, aber noch flüssig ist.

Den Karamell mit einem Löffel auf die markierten Achtel der gekühlten Tarte verteilen. Zum Servieren durch die Ganache-Streifen aufschneiden, damit der Karamell nicht ausläuft.

Mit dem Rezept kann man auch Torteletts zubereiten. Anstelle einer großen Form sechs oder acht Förmchen verwenden. Das Umranden und Unterteilen mit Ganache ist nicht notwendig. Den Karamell gleichmäßig auf die Förmchen verteilen und für mindestens 1 Stunde in den Kühlschrank stellen. Anschließend die Ganache über die Karamellschicht löffeln. Beim Hineinbeißen quillt der Karamell hervor.

Halbflüssiger Schokoladenkuchen aus dem Glas

Ein Rezept für einen pfiffigen, schmelzend köstlichen Schokoladenkuchen, der in Marmeladengläsern, kleinen, hitzebeständigen Wassergläsern oder in Tassen gebacken wird – ein kleiner Gag zum Abschluss einer Mahlzeit.

Man kann den Teig in sechs bis acht Portionen aufteilen, je nach Größe der Gefäße, die nicht unbedingt zueinander passen müssen. Sie sollten allerdings bedenken, dass schon eine kleine Portion des ausgesprochen üppigen Desserts nachhaltig sättigt.

FÜR 6–8 PERSONEN

100 g | 1/3 cup Butter
150 g hochwertige Bitterschokolade
2 Eigelb + 1 ganzes Ei
20 g Zucker

BENÖTIGTES MATERIAL: *6–8 Marmeladengläser oder kleine hitzebeständige Wassergläser oder Tassen*

DAZU SERVIEREN: *mit Vanilleschoten oder Vanilleextrakt aromatisierte Schlagsahne*

BACKOFEN VORHEIZEN AUF: *160 °C*

Die Butter in einem kleinen Stieltopf auf mittlerer Hitze schmelzen, anschließend auf sehr schwacher Hitze leicht köcheln lassen, bis sie gebraucht wird. Sie muss sehr heiß sein.

Die Schokolade im Wasserbad schmelzen (wie auf Seite 132 beschrieben) und beiseitestellen.

Die Eigelbe, das ganze Ei und den Zucker in eine große Schüssel geben und zu einer hellen Masse schlagen. Das braucht nicht viel Kraft und kann leicht von Hand gemacht werden.

Die geschmolzene Schokolade und die heiße Butter in einer zweiten Schüssel kräftig miteinander verrühren. In die Eier-Zucker-Masse geben und rasch zu einer homogenen Masse vermischen. Gleichmäßig auf sechs bis acht Gläser verteilen.

Eine Auflaufform etwa fünf Zentimeter hoch mit Wasser füllen und die Gläser in zwei Reihen hineinstellen. 5–7 Minuten im Ofen backen, bis die Kuchen außen herum fest, im Innern aber noch flüssig sind. Herausnehmen und abkühlen lassen. Schlagsahne mit Vanilleschoten oder einem guten Vanilleextrakt aromatisieren und zu den Kuchen servieren.

Foodie-Idee

Vor dem Einfüllen der Schokoladenmasse auf den Boden der Gläser jeweils eine der köstlichen Pruneaux d'Agen (der berühmten Dörrpflaumen aus dem französischen Städtchen Agen) oder einer anderen Sorte verstecken und das Dessert mit einem alten Armagnac servieren. Statt der Pflaume kann man auch Rumtopffrüchte, kandierte Orangenschale oder andere kandierte Früchte nehmen und dazu einen Grand Marnier kredenzen.

Alfajores

Ihre Foodie-Ausbildung ist nicht komplett, solange Sie keine *Alfajores* probiert haben, ein krümelig-butteriges Doppelkeks mit einer Füllung aus *Dulce de leche* (eine Art Milchkaramellcreme). *Alfajores* sind in ganz Lateinamerika geschätzt, wobei jedes Land seine eigene Variante als die beste ansieht. Das folgende Rezept stammt aus Argentinien. Die fertig gebackenen *Alfajores* sind so zart, dass sie vom bloßen Hinschauen zu zerkrümeln drohen, aber der rohe Teig lässt sich so einfach wie Knetmasse verarbeiten. Bieten Sie diese himmlische Köstlichkeit auf Ihrer nächsten Party an – alle werden begeistert sein.

ERGIBT ETWA 30 DOPPELKEKSE

250 g Maismehl
200 g | 1½ cups einfaches Weizenmehl
½ TL Salz
2 TL Backpulver
½ TL Natron
200 g | ¾ cup Butter, mit Zimmertemperatur
75 g | ⅓ cup Zucker
3 Eigelb
1 EL Cognac
400 g | knapp 1 cup Dulce de leche (Rezept siehe Seite 139)

ZUM FERTIGSTELLEN: *Puderzucker, Kokosflocken*
BENÖTIGTES MATERIAL: *eine gewellte Ausstechform (6–7 cm Durchmesser), Spritzbeutel mit großer Tülle*
BACKOFEN VORHEIZEN AUF: *175 °C*

Maismehl ist nur schwer nach Volumen abzumessen, deshalb empfiehlt sich dafür eine Waage. Beide Mehle, Salz, Backpulver und Natron in eine Schüssel sieben und beiseitestellen.

Butter, Zucker und Eigelbe in einem Standmixer oder in der Küchenmaschine bei hoher Geschwindigkeit mixen, bis sie schaumig und gut miteinander vermischt sind. Den Cognac dazugeben und weiter mixen. Die Geschwindigkeit auf die niedrigste Stufe stellen und die Mehlmischung nach und nach hinzufügen, bis eine homogene Masse entstanden ist.

Den Mixaufsatz auf ein trockenes Brett leeren und den Inhalt mit den Händen zu einem festen Teig kneten. In zwei Hälften teilen. Jede

Teigkugel in Klarsichtfolie wickeln und bis zur Weiterverarbeitung in den Kühlschrank legen (maximal 1 Tag).

Den Teig aus dem Kühlschrank nehmen und kurz temperieren lassen. Anschließend jede Kugel auf einer leicht bemehlten Arbeitsfläche etwa fünf Millimeter dick ausrollen. Mit der Ausstechform jeweils 20–25 Kekse ausstechen. Den überschüssigen Teig zusammenkneten und erneut ausrollen (dieser Teig macht alles mit). Die ausgestochenen Kekse mit jeweils einem Zentimeter Zwischenraum auf zwei große Backbleche verteilen – sie gehen während des Backens nur wenig auf.

15–20 Minuten backen, dabei die Bleche nach der Hälfte der Zeit austauschen. Wenn die Kekse anfangen, die Farbe zu verändern, sofort aus dem Backofen ziehen. Etwa 2 Minuten auf dem Blech liegen lassen, dann behutsam auf ein Gitter zum Abkühlen geben.

Den Spritzbeutel mit *Dulce de leche* füllen. Jeweils etwa einen Esslöffel auf die Hälfte der Kekse spritzen. Ist kein Spritzbeutel zur Hand, das *Dulce de leche* ganz vorsichtig mit einem Spatel auf die Kekse streichen. Die andere Hälfte Kekse auf die Füllung legen und leicht andrücken. Unmittelbar vor dem Servieren etwas Puderzucker über die fertigen „Sandwichs" sieben. Die Kekse mit der an der Seite austretenden Creme in Kokosraspeln wenden, das macht sie noch köstlicher (und noch authentischer).

Dulce de Leche

Wenn Sie kein fertiges *Dulce de leche* im Handel finden, können Sie es leicht selber zubereiten.

400 g gesüßte Kondensmilch
1 Vanilleschote

BACKOFEN VORHEIZEN AUF: *220 °C*

Die Dose Kondensmilch öffnen und den Inhalt in eine mittelgroße Backform gießen. (Ich verwende eine Pieform aus hitzebeständigem Glas.) Die Vanilleschote der Länge nach aufschneiden und das Mark herauskratzen, zu der Kondensmilch geben und gut vermischen. Eventuell auch die Schote mit hinzufügen und nach dem Garen entfernen. Die Backform mit Backfolie abdecken.

Die Form in eine größere Form mit hohem Rand stellen. Die größere Form bis zur Randmitte der kleineren Form mit Wasser füllen.

In den Ofen stellen und etwa 1 Stunde garen. Von Zeit zu Zeit die Wassermenge überprüfen und im Bedarfsfall nachfüllen.

Die Form aus dem Ofen ziehen und die Vanilleschote entfernen. Die Mischung mit dem Schneebesen zu einer glatten Creme schlagen. Vor dem Verwenden auf Raumtemperatur abkühlen lassen.

Litschi und Orange Loy Gaew

Loy gaew ist die Bezeichnung für ein in Thailand äußerst beliebtes Früchtedessert; wörtlich bedeutet es „schwimmende Kristalle", womit die zerstoßenen Eisstückchen gemeint sind, die in dem klaren Sirup schwimmen. Fast jede Frucht kann zerkleinert in den leicht salzigen Sirup gegeben werden.

Die folgende Version habe ich einem alten, *Som Chun* genannten Rezept nachempfunden, das ursprünglich aus frischen, säuerlichen Litschis und manchen anderen Zutaten bereitet wird, die jedoch oft nur schwer zu finden sind.

Ich empfehle Ihnen, das *Loy gaew* als Erstes zuzubereiten, damit die Mischung genügend Zeit hat, im Kühlschrank gut durchzuziehen.

FÜR 8 PERSONEN

SIRUP

750 g | 3 cups Zucker
1 l | 4 cups Wasser
1 Stück Ingwer von 12 cm Länge, geschält und in dünne Scheiben geschnitten
1–2 TL Salz

LOY GAEW

20 g | ¼ cup (dicht gefüllt) Kokosflocken
6 mittelgroße Orangen
575 g Litschis aus der Dose, abgetropft, oder 475 g | 2½ cups frische Litschis, geschält und entkernt
1 Handvoll frische Minze

Für den Sirup Zucker, Wasser, Ingwerscheiben und Salz in einen mittelgroßen Topf geben und verrühren. Aufkochen, anschließend auf schwacher Hitze etwa 20 Minuten köcheln lassen, bis die Flüssigkeit auf die Hälfte reduziert ist. Beiseitestellen und abkühlen lassen.

Die Kokosflocken in einer Pfanne bei mäßiger Hitze gleichmäßig goldbraun werden lassen, dabei ständig rühren, damit sie nicht anbrennen. Die gerösteten Flocken zum Abkühlen auf einem Teller verteilen und beiseitestellen.

Die Orangen schälen, filetieren und in eine große Schüssel geben. Die Litschis hinzufügen und beiseitestellen. Die Ingwerscheiben aus dem vollständig abgekühlten Sirup mit einem Schaumlöffel entfernen. Den Sirup zu den Orangen und Litschis gießen, die frische Minze hinzufügen, die Schüssel mit Klarsichtfolie abdecken und in den Kühlschrank stellen.

Als Dessertsuppe mit viel zerstoßenem Eis servieren. Unmittelbar vor dem Auftragen die gerösteten Kokosflocken darüberstreuen.

3 Trinken wie ein Foodie

Wie man ein echter Weinkenner wird (Wein-Geeks sind out)

Ja, Sie haben richtig gelesen: Wein-Geeks sind nicht mehr gefragt. Ich wette, dass Sie dennoch einige kennen, von ihnen gibt es ganze Heerscharen. Wein-Geeks wissen zum Beispiel garantiert auf Anhieb, mit wie vielen Punkten der jeweilige Jahrgang der in den Handel gekommenen Bordeaux, Burgunder oder kalifornischen Kult-Cabernets auf der Parker-Skala bedacht worden ist, und wahrscheinlich kennen sie auch die Bewertung einiger toskanischer Spitzenweine oder die der letzten Cabernet- und Shiraz-Jahrgänge aus dem westaustralischen Margaret-River-Anbaugebiet. Bei der Auswahl ihrer Weine richten sie sich ausschließlich nach den von diversen Experten abgegebenen Bewertungen, die in den Handlungen praktischerweise gleich neben den Regalen aushängen.

Nach Meinung dieser Wein-Geeks wird der Wert eines Weines von unverständlichen oder, im besten Fall, ansatzweise nachvollziehbaren Kriterien bestimmt, die wer auch immer festgesetzt hat. Wenn sie Wein probieren, entdecken sie allen Ernstes hier und da einen Anflug kaum wahrnehmbarer Details, einen Hauch dieser Blume oder jenes Gewürzes oder die anderen siebzehn Aromen im Glas. Mal ehrlich: Wo bleibt da der Spaß?

Glücklicherweise muss man nicht zu dieser Kategorie gehören, um Wein genießen zu können. Ich kann überhaupt nicht nachvollziehen, warum viele Menschen diesen Beurteilungen so hohen Wert beimessen, vor allem dem 100-Punkte-System, das der amerikanische Weinpapst Robert Parker eingeführt hat. Wenn man einmal ernsthaft darüber nachdenkt, ist das geradezu aberwitzig. Haben Sie jemals einen Wein gesehen, der weniger als 50 Punkte erhalten hat? Man möchte meinen, das bloße Abfüllen einer purpurroten, leicht alkoholhaltigen Flüssigkeit in Flaschen räume den Winzern schon automatisch den Anspruch auf die halbe Punktzahl ein.

Dass wir uns nicht missverstehen: Ich plädiere keineswegs dafür, dass wir uns auf das Niveau der Billigweine hinabbegeben sollen, die es immer wieder auf Partys zu trinken gibt. Ich habe den dunklen Verdacht, dass Leute, die so ein Gesöff hinunterspülen, überhaupt keinen Wein mögen. Ich will damit nicht sagen, dass solche Weine ungenießbar sind, aber sie sind so ausgebaut, dass sie keinen sehr ausgeprägten Geschmack haben und gewissermaßen den Weg des geringsten Widerstands gehen, um auf möglichst wenig Ablehnung zu treffen. Das Ergebnis ist charakterlos, flach und belanglos. Ich habe keine Ahnung, weshalb so etwas überhaupt getrunken wird. Wer nur vorhat, sich zu betrinken, wäre mit einer Flasche russischen Wodkas wesentlich besser bedient.

Eine Bewertung, die ausschließlich nach einer Liste umfassender Kriterien erfolgt, ist meines Erachtens ein zu einseitiger Ansatz und wird dem Wein nicht wirklich gerecht, weil die Umstände, unter denen er getrunken wird, eine nicht unerhebliche Rolle spielen: Der beste Wein an einem heißen Sommernachmittag und der beste Wein zu einem herzhaften *Coq au vin* vor dem flackernden Kaminfeuer an einem feuchtkalten Winterabend können unmöglich dieselben sein. Was zu einer Gelegenheit perfekt passt, kann zu einer anderen die absolut falsche Wahl sein. Wen kümmert es also, ob der eine Wein 95 Punkte erhalten hat und der andere nur 87?

Die Art und Weise, in der viele Weine bewertet werden, stimmt mich dem ganzen System gegenüber skeptisch. Die Weinexperten, die Verkostungen besuchen oder leiten, auf denen viele Weine nacheinander vorgestellt werden, können dabei selbstverständlich nur nach der Schwenk-Riech-Schlürf-Spuck-Methode vorgehen. Aber wie um alles in der Welt können sie so einen Wein beurteilen? Weine sind zum Trinken da, nicht zum Ausspucken!

Ich bin nicht die Einzige, die diesem System misstraut. Der amerikanische Weinhändler Joe Dressner schreibt ein herrlich eigenwilliges Blog unter dem Titel „A Wine Importer Thinking Out Loud" (etwa: Gedanken eines Weinimporteurs), das ich fast andächtig verfolge. Seit vielen Jahren schon kritisiert Dressner das System und verweigert sich ihm auch als Geschäftsmann standhaft. Lieber beschreibt er selbst seine Weine, als sie mit einer von „Experten" vergebenen Punktzahl anzupreisen.

Ich persönlich befolge Joe Dressners Rat: Eine Flasche Wein soll im Zusammenhang mit den Umständen beurteilt werden, unter denen sie getrunken wird, und zwar nicht nur als perfekter Begleiter einer Mahlzeit, sondern auch als kulturelles Artefakt. Wein ist keine Ware, die sich auf ein paar festgelegte Begriffe und Eigenschaften oder auf eine zuerkannte Punktzahl reduzieren lässt, sondern Teil einer reichen und vielfältigen Kultur. Er wurde an einem bestimmten Ort hergestellt von Menschen, deren Geschichte und Berufserfahrung in die Produktion des Weines mit eingeflossen sind. Die Menschen und ihre Geschichte kennenzulernen hilft mir, den Wein zu verstehen und besser zu würdigen.

Freunden Sie sich mit einem Weinhändler an: Ein richtig guter Weg, etwas über Wein zu lernen, ist, einen guten Weinhandel in Ihrer Nähe ausfindig zu machen und dort ein regelmäßiger Kunde zu werden. Voraussetzung ist, dass der Laden wirklich gute Tropfen lagert und mindestens einen kundigen Mitarbeiter beschäftigt, mit dem Sie sich über Wein unterhalten können. Machen Sie ihn nach und nach mit Ihrem Geschmack und Ihren Vorlieben vertraut, damit er Sie bei der Auswahl der Weine, die Sie probieren sollten, beraten kann. Um das zu erreichen, müssen Sie ein regelmäßiger Kunde sein, damit es sich für das Geschäft rein wirtschaftlich auch lohnt, sich für Ihre persönlichen Vorlieben zu interessieren. Geben Sie den Mitarbeitern immer wieder ein Feedback und lassen Sie sie wissen, ob Ihnen die empfohlenen Weine zusagen und weshalb der eine oder andere nicht Ihrem Geschmack entspricht.

Vertrauen Sie den Erzeugern oder Importeuren: Ich setze mein Vertrauen nicht in die Flaschen oder die Bewertungen der „20-Sekunden-Verkoster", sondern in die Menschen, die hinter den Weinen stehen. Mit anderen Worten: Ich vertraue den Erzeugern, die den Wein produzieren, und den Importeuren, die ausländische Weine auf unseren Markt bringen.

Als ich anfing, mich ernsthaft mit Wein zu beschäftigen, fragte ich meinen Freund und Weinautor Claude Kolm, wie man einen guten Wein auswählt. Er sagte ohne Umschweife, das Einfachste sei, die Flasche herumzudrehen und auf den Namen des Importeurs zu sehen. Gute Importeure sind sehr auf ihren Ruf bedacht, haben strenge Kriterien und führen nur Weine ein, auf denen problemlos ihr Name erscheinen kann.

Gute Erzeuger arbeiten nach denselben Qualitätsansprüchen. Das bedeutet nicht, dass wir uns von den großen Namen nobler Schlösser und Domänen blenden lassen sollen. Etwas über junge, aufstrebende Winzer zu erfahren, die hart kämpfen müssen, um sich eines Tages mit hochwertigen Weinen einen Namen zu machen, ist genauso interessant wie etwas über die Geschichte großer Erzeuger zu lernen, wie sie es geschafft haben, dahin zu kommen, wo sie heute sind, was sie tun, um immer gleichbleibende Qualität zu gewährleisten und ihren Spitzenrang zu behalten.

Ich glaube nicht, dass man Wein beurteilen kann, als sei er in einem Vakuum erzeugt worden. Wein ist ein natürliches Produkt, das wunderbare Resultat eines Ökosystems, das sich auf seine natürliche Umgebung auswirkt. Der Boden, auf dem der Wein wächst, prägt seine für das Anbaugebiet charakteristischen Aromen. Das alles zu verstehen hilft mir, den Wein in meinem Glas entsprechend zu würdigen. Es hilft mir auch bei der Auswahl des nächsten Glases oder der nächsten Flasche aus dem Sortiment desselben Erzeugers oder eines anderen Winzers mit ähnlichen Anbau- und Ausbaumethoden.

Während der Suche nach Ihren Lieblingsappellationen und -erzeugern lernen Sie ganz nebenbei auch die Fachausdrücke, die Sie im Gespräch mit Profis brauchen. Wenn Sie einmal auf einer Weinkarte keinen einzigen vertrauten Namen finden, sind Sie dann in der Lage, die zu Ihrer Speisenauswahl vorgeschlagenen „siebzehn Gewürze und fünf blumigen Aromen“ abzulehnen mit der Begründung, Sie hätten lieber einen leichteren, dezenteren Burgunder, in der Art eines Chambolle Musigny von Frédéric Mugnier.

Vertrauen Sie guten Sommeliers: Wenn ich in einem Restaurant eine vertrauensvolle Beziehung zum Sommelier oder zur Sommelière habe, bitte ich ihn oder sie immer wieder, mir einen Wein vorzuschlagen, den ich selbst niemals gewählt hätte. Auf diese Weise habe ich viel gelernt und viele Weine für mich entdeckt, auf die ich ohne Hilfe niemals gekommen wäre. Einige meiner absoluten Lieblingsweine sind mir von den großartigen, wohlwollenden Sommeliers meiner Lieblingsrestaurants empfohlen worden. Meine beiden absoluten Favoriten aus dem Bereich Saumur im Loiretal (Château Yvonne und Clos Rougeard) würde ich wohl bis heute nicht kennen, hätte Christophe Rohat sie mir nicht im direkten Vergleich zu kosten gegeben (Rohat ist der Chef des Pariser Drei-Sterne-Restaurants „L'Astrance“).

Befassen Sie sich intensiv mit einer Weinregion oder einem Rebsortenwein: Wenn ich etwas über mir unbekannte Weine lernen möchte, gehe ich am liebsten so vor: Ich wähle eine Region aus (in selteneren Fällen auch nur einen Rebsortenwein) und versuche, so viel wie möglich darüber in Erfahrung zu bringen. Ich informiere mich, welche Rebsorten dort angebaut werden und welcher Weinstil vorherrschend gepflegt wird. Außerdem präge ich mir die namhaftesten Winzer der Gegend ein und lerne dabei auch etwas über die Unterschiede innerhalb der Region, wie etwa zwischen den Weinen aus den dicht beieinanderliegenden Burgunder Gemeinden Chambolle Musigny und Gevrey Chambertin.

Lernen Sie die Unterschiede zwischen den letzten Jahrgängen: Ich fordere Sie keineswegs auf, die Jahrgangstabellen auswendig zu lernen, die immerhin bis auf den Anfang des vergangenen Jahrhunderts zurückgehen, aber es ist manchmal sehr hilfreich, ein paar wesentliche Merkmale der letzten Jahrgänge Ihrer bevorzugten Weinregionen zu

kennen. Wenn man zum Beispiel weiß, dass 2003 ein sehr heißes Jahr war, das den Burgunderreben schwer zu schaffen gemacht hat, fällt man nicht auf vermeintlich günstige Angebote herein. Mit diesem Wissen kann man gelegentlich auch ein bis dahin übersehenes Kleinod entdecken.

Informieren Sie sich über die Kritiker: Auch wenn mich die Punktzahlen nicht interessieren, die Kritiker den Weinen zubilligen, höre ich mir doch genau an, was sie über einen Wein und seine Qualität erzählen. Suchen Sie nach einem Kritiker, dessen Bewertungskriterien Sie nachvollziehen können und der die gleichen Weine mag wie Sie. Nutzen Sie seine Rezensionen und Empfehlungen als Leitfäden; Weinkritiker verkosten deutlich mehr Gewächse als Sie, ihre Meinung kann demnach hilfreich sein. Nur folgen Sie ihnen nicht blind wie ein dummes kleines Bählämmchen.

Lernen Sie einige Begriffe aus dem Weinlexikon: Wenn Sie wissen möchten, was mit dem Stichwort „holzbetont" im Lexikon gemeint ist, probieren Sie das im direkten Vergleich zweier Weine aus. Nehmen Sie zum Beispiel zwei Weißweine aus der Chardonnay-Traube, einen französischen Chablis und einen kalifornischen Chardonnay (bitten Sie Ihren Händler, zwei ausgesprochen holzbetonte Weine auszusuchen). Probieren Sie die Weine parallel, und Sie werden nicht mehr vergessen, was „holzbetont" bedeutet. Der Vergleich dieser beiden charakteristischen Weine wird Sie auch die Unterschiede in Körper und Struktur erkennen lassen.

Machen Sie sich Notizen: Notieren Sie kurz und bündig, was Ihnen an einem Wein aufgefallen ist. Ich sehe nämlich keinen Sinn darin, alle siebzehn verschiedenen Aromen eines Weines mit Nase und Gaumen zu identifizieren. „Ein Hauch von diesem und einer von jenem" zu notieren ist nicht wirklich hilfreich. Schreiben Sie stattdessen auf, was Ihnen auch in Zukunft von Nutzen sein wird. Wie hat Ihnen der Wein geschmeckt? Wie waren seine Duft- und Geschmacksaromen, sein Körper, seine Struktur? War er leicht oder schwer und fett? War er fruchtig oder erdig? Welche anderen Charakteristika sind Ihnen aufgefallen? Zu welcher Speise haben Sie ihn getrunken? Wie passte beides zusammen? War es eine gute Kombination? Würden Sie zu der Speise wieder den gleichen Wein wählen? Falls nicht, was hat Sie gestört? Was hat an dem Essen oder dem Wein gefehlt, dass sie nicht miteinander harmoniert haben? Wann haben Sie den Wein getrunken? War der Zeitpunkt richtig gewählt? Falls nicht, welche Zeit wäre besser geeignet? Die Beantwortung dieser Fragen in Ihren Notizen wird Ihnen helfen zu verstehen, wie der Wein unter den gegebenen Umständen empfunden wurde und wie er in Zukunft getrunken oder serviert werden sollte. Das ist wesentlich sinnvoller als die akribische Aufzeichnung sämtlicher Gewürzanklänge in der Nase.

Das Zusammenstellen von Speisen und Wein

Bei der Auswahl des Tischweines braucht man keine endlose Datei mit Regeln darüber im Kopf zu haben, welcher Wein zu welchen Gerichten passt. Der richtige Schlüssel zu einem harmonischen Zusammenspiel ist das Wissen darum, wie sich Speisen und Weine während der Mittags- oder Abendmahlzeit gegenseitig beeinflussen.

Im Grunde gibt es keine starren Regeln mehr. Sagen wir, es gibt einige wenige, die man höchstens als Richtlinien betrachten sollte. Ich gebe Folgendes zu bedenken: Wenn man nicht gerade das Degustationsmenü eines Spitzenrestaurants wählt, wo zu jedem Gang ein perfekt passender Wein serviert wird, bestellt man in der Regel nur eine Flasche Weißwein und eine Flasche Rotwein zum Essen, allerhöchstens gönnt man sich vorweg eine Flasche Schampus. Beide Weine sollten so vielseitig sein, dass sie den ganzen Abend über zu allen aufgetragenen Speisen passen.

Ich will Ihnen gerne verraten, woran ich mich bei der Auswahl der Weine zum Essen halte.

Richtig:
Die Textur der Speise und des Weines aufeinander abstimmen. Zu einem Fischgericht mit cremiger Sauce sollte man einen Wein mit etwas mehr Körper wählen, etwa einen weißen Burgunder.
Zu hellen, säurebetonten Speisen leichte, blumige Weißweine wählen.
Zu scharf gewürzten Speisen Weine mit feiner Süße wählen. Der Zucker federt die Schärfe der Gewürze ab.
Zu kräftig gewürzten Speisen kraftvoll-würzige, saftige Rotweine wählen. Ich meine keine chilischarfen, sondern herzhaft gewürzte Speisen. In dem Fall ergänzen sich die Gewürzaromen des Weines und der Speise harmonisch, während sich ein würziger Wein und eine chilischarfe Speise gegenseitig erschlagen.

Zu fetthaltigen Speisen kraftvolle, tanninhaltige Rotweine wählen. Seit vielen tausend Jahren trinken die Chinesen tanninhaltigen Oolong-Tee zu fetten Speisen wie „Geröstete Pekingente" oder „Geschmorter Schweinebauch mit fünf Gewürzen". Die Wahl des passenden Weines folgt derselben Logik: Tannine machen stark fetthaltige Speisen bekömmlicher und erfrischen den durch die fettige Kost ermüdeten Gaumen.

Zu erdigen Speisen erdige Weine wählen. Erdige Aromen wie Pilze oder Trüffeln, in Rotwein geschmortes Fleisch oder ein langsam gegartes Huhn harmonieren im Allgemienen wunderbar mit einem erdigen Wein, beispielsweise aus dem Burgund oder dem nördlichen Rhônetal.

Zu einer regionalen Spezializät einen Wein aus derselben Region wählen. Die alte Redensart, dass Essen und Wein aus derselben Gegend stammen sollen, hat durchaus einen Sinn in Regionen, wo Ackerbau, Viehzucht und Weinbau auf eine lange Tradition zurückblicken. Allerdings kann man wirklich nicht behaupten, dass der großartige, saftige kalifornische Cabernet Sauvignon perfekt zu der marktgesteuerten Küche seiner Region passt.

Zu fast jeder Speise kann man Schaumweine oder Champagner wählen. Dem habe ich nichts hinzuzufügen.

Falsch:

Herbe, säurebetonte Weine zu pikanten Speisen mit süßen Untertönen servieren. Zucker in der Speise lässt einen säurebetonten Wein noch aggressiver schmecken. Säurehaltige Speisen sollten mit halbtrockenen oder süßen Weinen serviert werden, die die Säure ausbalancieren.

Tanninbetonte Rotweine zu scharf gewürzten Speisen servieren: Tannine lassen scharf gewürzte Speisen gewöhnlich sauer schmecken, ein fruchtiger Rotwein wäre zu chilireichen Gerichten die bessere Wahl. Die Restsüße eines solchen Weines mildert das Feuer der scharfen Gewürze.

Weine mit hohem Alkoholgehalt zu chilischarfen Speisen servieren. Alkohol erhöht die Wirkung von Chili, sodass die Speise als noch schärfer empfunden wird.

Die alte Regel befolgen: Rotwein zu rotem Fleisch, Weißwein zu weißem Fleisch. Diese altüberkommene Regel ist seit mindestens 15 Jahren nicht mehr sinnvoll. Die Wahl des Weines richtet sich vielmehr danach, wie das Fleisch oder der Fisch zubereitet ist und welche Beilagen dazu serviert werden.

VIN
ROUGE ET ROSÉ
1€ 10 LE
LITRE

Wein und Thai-Küche – eine unmögliche Liaison?

Da ich regelmäßig thailändisch koche und eine große Weinliebhaberin bin, werde ich oft gefragt, ob Wein überhaupt zur Thai-Küche passt. Die kräftigen Gewürze, die teilweise erhebliche Schärfe, die bitteren Kräuter und die übermäßige Süße, darüber hinaus Gerichte, die alle vier Komponenten in sich vereinen, machen thailändische (und andere südostasiatische) Speisen für Wein zu einem äußerst schwierigen Partner. Dazu kommt, dass in Asien hauptsächlich Bordeaux-Weine verkauft werden, die leider überhaupt nicht zu den landestypischen Gerichten passen.

Über dieses Thema habe ich mich einmal ausführlich mit Johannes Selbach unterhalten, dem Winzer und Eigentümer des Weingutes Selbach-Oster in der Anbauregion Mosel-Saar-Ruwer. Er versteht nicht, dass Riesling in Asien so selten angeboten wird, obwohl er hervorragend mit den Speisen harmoniert. Ich glaube, die Asiaten machen sich darüber nicht so viele Gedanken, es stört sie nicht sonderlich, wenn Speisen und Wein aufeinanderprallen. Ein kräftiger, tanninhaltiger Bordeaux wirkt in Kombination mit asiatischen Gerichten noch kräftiger und tanninbetonter und bekommt durch die Gewürze und die Schärfe einen bitteren Nachgeschmack. Bittere Aromen sind in der Thai-Küche allerdings durchaus bekannt und zum Teil auch erwünscht. Die Chinesen nennen es *gan*, womit eine Art gewollter Bittergeschmack bezeichnet wird, wie man ihn in der hoch geschätzten Ginsengwurzel findet oder in exquisiten Tees.

Wenn Ihre Wurzeln nicht in Asien liegen und Sie nicht gerade eine besondere Vorliebe für *gan* hegen, habe ich ein paar Tipps für Ihre Weinauswahl zu thailändischen oder anderen südostasiatischen Speisen. Experimentieren Sie selbst und finden Sie heraus, welche zu Ihnen und Ihren Vorlieben passen. Essen und Wein sollen schließlich Freude machen.

Suchen Sie nach leichter Süße und tropischen Aromen: Wenn ich thailändische Speisen auftische, gibt es bei mir mittlerweile automatisch einen restsüßen Riesling dazu, und das aus gutem Grund. Die leichte Süße und die feinen blumigen Noten in Riesling- und ähnlichen Weinen (wie Gewürztraminer) passen sehr gut zu den vielfältigen Aromen der Thai-Küche. Der Zucker trägt zur Vollmundigkeit des Weines bei und dämpft die Schärfe von Chili und anderen Gewürzen am Gaumen. Die Restsüße im Wein harmoniert auch gut mit den herzhaften Gerichten Thailands, die ebenfalls eine süße Note haben. Versuchen Sie auch, die Tropen in der Nase zu erschnuppern. Nicht Ihre Nase ist gemeint, sondern die des Weines. Manche Weine duften nach tropischen Blüten oder exotischen Früchten, die natürlich hervorragend zu den entsprechenden Aromen thailändischer Speisen passen.

Vermeiden Sie um jeden Preis Tannine: Zu thailändischen Gerichten sollte man niemals tanninhaltigen Wein trinken (das besagt auch eine alte Regel). Die grundlegenden Geschmacksnoten der Thai-Küche (gewürzreich, scharf, sauer) lassen tanninhaltige Gewächse bitter schmecken und verderben den Genuss am Essen und am Wein. Halten Sie also Ihren schicken Bordeaux und Ihren teuren Cabernet von thailändischen Speisen fern.

Ein Gläschen Schampus ist gut für die Seele: Schaumweine passen gut zur Thai-Küche, besonders zu den zahlreichen gebratenen Gerichten. Die perlenden Bläschen mildern den fettigen Geschmack und erfrischen den Gaumen. Halbtrockener Champagner oder Schaumwein eignet sich ebenfalls gut als Partner vieler thailändischer Speisen, selbst eines cremigen, nicht zu scharf gewürzten Currys. Wenn Sie nur einen Wein für alle Gänge der Mahlzeit wünschen (und es kein Riesling sein soll), entscheiden Sie sich für einen blumigen Champagner. Das harmonische Zusammenspiel wird Sie überraschen!

Säure braucht ein Gegengewicht: Die Thai-Küche kennt stark säurebetonte Speisen, insbesondere die scharfen Salate und die sauren Curry-Gerichte wie *Gang som*, die mit viel Limettensaft oder Tamarinde abgeschmeckt sind. Dazu sollte ein Wein mit gleichwertiger Säure gewählt werden, der dem sauren Aroma der Speisen standhält. Flache, säurearme Weine kommen nicht dagegen an und wirken noch flacher und säureärmer. Es mag widersprüchlich klingen, aber wenn Sie einen leicht süßen, halbtrockenen Wein bevorzugen, sollten Sie darauf achten, dass er ausreichend Säure im Hintergrund hat. Säure kann allerdings auch ein zweischneidiges Schwert sein, denn sehr süße Speisen machen säurebetonte Weine in jeglicher Form noch aggressiver, was höchst unangenehm sein kann. Wenn Sie also Ihr Pad Thai sehr süß mögen, trinken Sie dazu einen halbtrockenen Wein.

Vermeiden Sie Weine mit Eichengeschmack: Holzige Weine wie viele kalifornische Chardonnays mit ihren vordergründigen Butter- und Vanillearomen harmonieren nicht mit den exotischen Kräutern und Gewürzen der Thai-Küche. Lassen Sie sie im Regal.

Jetzt möchte ich Ihnen noch ein paar sortenreine Weine vorschlagen, die sehr gut zur Thai-Küche passen. Darunter sind auch einige meiner Lieblingsweine – probieren Sie aus, welche Ihrem Geschmack entsprechen.

Weißwein:

RIESLING: *und andere deutsche oder elsässische Gewächse wie Gewürztraminer und Grauburgunder.* Diese Weine verstehen sich von selbst. Wählen Sie allerdings lieber eine fruchtige, blumige Nase als die moschusartige Note des für manche Rieslingsorten typischen Edelfäulebuketts oder Botrytis-Tons.

SCHEUREBE: Eine Kreuzung aus Riesling und Silvaner. Ein frischer, fruchtiger und hocharomatischer Wein, der sich ebenfalls als guter Begleiter thailändischer Speisen empfiehlt.

WEINE DES LOIRETALS: *Vouvray, Savennières und Saumur Blanc.* Ihre knackige Säure mit Mineral- und Zitrusaromen passt besonders gut zu den sauer-scharfen Thai-Salaten. Ein gut strukturierter Saumur Blanc, wie beispielsweise mein geliebter Château Yvonne, wäre eine gute Wahl für kokosnusshaltige Speisen, die allerdings nicht zu scharf gewürzt sein dürfen. Die deutliche Mineralität dieser Loire-Weine macht sie auch zu einem idealen Partner für thailändische Fisch- und Meeresfrüchtegerichte.

SCHAUMWEINE: *Champagner und Rosé-Schaumwein.* Solange sie keinen ausgeprägten Eichengeschmack haben, passen sie ausgezeichnet.

LAMBRUSCO: Ein fruchtiger, halbtrockener italienischer Schaumwein, den man nicht gerade als Begleiter thailändischer Speisen erwartet, der aber überraschend gut dazu passt, ebenso wie der moussierende Cerdon de Bugey aus dem französischen Savoyen.

Rotweine:
SAUMUR-CHAMPIGNY: Saftig und tanninarm, eine gute Wahl, wenn Sie Rotwein bevorzugen.
CRU BEAUJOLAIS: Ein leichter, fruchtiger Wein, der ebenfalls gut passt.
BARBERA: Ein gut gereifter, klassisch ausgebauter, tanninarmer Barbera ist ebenfalls ein harmonischer Begleiter.

Das hier ist alles andere als eine umfassende Liste, ich habe nur die Weine erwähnt, die ich kenne. Vielleicht finden Sie noch ganz andere wunderbare Paarungen heraus – bitte zögern Sie nicht, mir Ihre Entdeckungen mitzuteilen.

Wie man Geheimtipps auf teuren Weinkarten entdeckt

Ich will Ihnen verraten, wie man selbst in den Weinkarten der teuren Spitzenrestaurants durchaus preiswerte Weine findet. Ich praktiziere das, wenn es darum geht, etwa für ein Degustationsmenü die passenden Weine auszuwählen. Ich stelle dem Sommelier gerne eine kleine Aufgabe, und gewöhnlich tut er wirklich sein Bestes, um sie zu lösen. Ich bitte ihn, passende Weine von weniger bekannten europäischen Weingütern oder Regionen auszusuchen, denn ich interessiere mich immer für Weine, die man bei mir zu Hause in Amerika so gut wie nicht findet. Der Preis sollte aber 50–75 Euro pro Flasche nicht übersteigen.

Innerhalb der Preisspanne von 50–75 Euro oder (wegen des höheren Händleraufschlags in einigen Großstädten) 60–100 Euro pro Flasche kann man auf den teuren Weinlisten in europäischen Restaurants ausgezeichnete Tropfen finden. Dabei sauge ich mir diese Preise keineswegs aus den Fingern. Die Weineinkäufer der Restaurants können sich nicht ausschließlich für die großen Namen aus Premier-Cru- oder Grand-Cru-Lagen entscheiden, weil sogar die Großhandelspreise für diese Gewächse so hoch sind, dass sie selbst mit 100 Euro pro Flasche keinen Gewinn bringen würden. Also müssen die Einkäufer sich auf ihre Nase und ihren Gaumen verlassen und Weine aus weniger bekannten Appellationen oder Weingütern auswählen, deren Preise noch nicht über jedes vernünftige Maß hinausgeschossen sind.

Ich finde, das ist eine echte Herausforderung für einen guten Sommelier. Jeder kann eine Weinkarte aus teuren Bordeaux- und Burgunderweinen und den Kultgewächsen aus Kalifornien und Australien zusammenstellen, aber es bedarf einer guten Nase und eines geschulten Gaumens, um geeignete Weine aus dem Jurançon, dem Anjou, aus Saumur, Condrieu oder anderen, weniger bekannten Anbaugebieten ausfindig zu machen, die den teuren annähernd ebenbürtig sind. Selbst aus berühmten Regionen und von namhaften Winzern kann man preiswerte Weine entdecken wie zum Beispiel einen weißen Bordeaux aus einem Grand-Cru-Weingut, das für seine Rotweine bekannt ist, oder einen Rotwein aus Österreich, das hauptsächlich für seine Weißweine gerühmt wird.

Einige Sommeliers haben mir oft nicht ohne Stolz ihre geheimen Funde gezeigt, beispielsweise einen roten Saumur von einem unbekannten Winzer aus Champigny, der ernsthaft mit bereits etablierten Rotweinen konkurrieren kann, oder einen köstlich süßen, honigartigen Jurançon, der wesentlich besser ist als jeder Sauternes derselben Preiskategorie. Auch finde ich es wesentlich spannender, neue Geschmacksrichtungen zu entdecken und Weine zu probieren, die man sonst nicht ohne Weiteres findet. Auf meine einfache Bitte hin bin ich auf manch wunderbare Fahrt mitgenommen worden und hatte so die Möglichkeit, für mich neue Anbauregionen, Appellationen und Winzer zu entdecken und deren Weine zu probieren.

Natürlich hat jeder seine individuellen Vorlieben, und selbst der beste Sommelier kann keine Gedanken lesen. Daher ist es sinnvoll, ihm mitzuteilen, was man mag und was nicht, um ihm eine adäquate Wahl zu ermöglichen. Wenn Sie sich in der Weinterminologie unsicher fühlen und glauben, Ihre Wünsche nicht entsprechend erklären zu können, nennen Sie als Beispiel einen bekannten Wein, den Sie schon einmal mit Genuss getrunken haben. Je mehr Hinweise Sie dem Sommelier geben, desto leichter machen Sie es ihm, Ihren Wünschen und Vorstellungen zu entsprechen.

Probieren Sie meinen Trick aus und lassen Sie mich gelegentlich wissen, wie es Ihnen dabei ergangen ist. Viel Spaß!

Aperitif und Digestif: Vor- und Nachspiel, kulinarisch gesprochen

Foodies, die sich nur auf Mahlzeiten und Nahrungsmittel konzentrieren, machen denselben Fehler wie Liebende, die nur an Sex denken, ohne sich klarzumachen, wie wichtig ein gutes Vorspiel für das sinnliche

Einstimmen und ein zärtliches Nachspiel für ein nachhaltiges Gefühl sind. Solchen Foodies entgeht eine ganze Menge. Ein Aperitif eröffnet den Reigen, er reizt die Geschmacksknospen und bereitet sie auf die Mahlzeit vor, während ein guter Digestif die Gäste stilvoll verabschiedet. Es ist die Kunst, für einen stimmungsvollen Auftakt zu sorgen und einen nachhaltigen Eindruck zu hinterlassen.

Ich muss allerdings zugeben, dass ich zunächst ein großer Verfechter von Aperitifs wurde, weil mein Timing als Gastgeberin selten stimmt. Wenn meine Freunde um acht Uhr zur Abendeinladung erscheinen, serviere ich den ersten Gang oft erst gegen neun, manchmal sogar noch später. Ich habe schnell gelernt, dass ein guter Aperitif meine Gäste friedlich stimmt und kein großes Murren über die lange Wartezeit aufkommen lässt.

Ich verstehe, warum manche Leute denken, ein Aperitif sei eine Zeit- und Geldverschwendung. Der Anblick eines grinsenden Sommeliers, der einen Wagen mit einem riesigen Eiskübel voller Champagnerflaschen vor sich her schiebt, wird so ziemlich jeden einschüchtern. Man kann über den Köpfen förmlich Denkblasen mit lauter Währungszeichen aufsteigen sehen. Es ist richtig, dass ein Glas Champagner aus diesen Flaschen oft den geforderten Preis nicht wert ist, man fährt besser, wenn man eine ganze Flasche bestellt und sie sich mit den anderen Gästen am Tisch teilt. Ein perlender Aperitif ist ein wunderbarer Auftakt für eine Mahlzeit. Stellen Sie sich die Bläschen als viele kleine Finger vor, die Ihre Geschmacksknospen massieren, erwecken und für die kommenden Genüsse empfänglich machen.

Allerdings weigere ich mich strikt, mich zu einem Cocktail vor dem Essen überreden zu lassen, der am Ende auf meiner Rechnung einen nicht unerheblichen Posten zugunsten des Restaurants ausmacht. Raymond Blanc (der aus Frankreich stammende Küchenchef führt in England ein sternedekoriertes Restaurant) hat das in seiner Fernsehshow *Last Restaurant Standing* selbst zugegeben und Cocktails als Herausforderung für jeden Kellner bezeichnet. Ich rate Ihnen, nicht darauf hereinzufallen. Cocktails mit ihrem hohen Alkohol- und oft auch beträchtlichen Zuckergehalt machen den Gaumen unempfindlich und ersticken den Appetit. Martini-Variationen oder ein Gimlet vor dem Essen mögen durchaus hip sein, aber solche Aperitifs sind nur angesagt, wenn Sie innerlich auf eine wenig schmackhafte Mahlzeit eingestellt sind, beispielsweise in einem Restaurant, dessen schlechten Ruf Sie kennen, das aber ein Freund unbedingt mit Ihnen aufsuchen will, oder auf einer Dinnerparty, deren Gastgeber zwar ein enger Freund, aber ein erbärmlicher Koch ist. In so einem Fall wären

Sie gut beraten, sich um den Geschmack zu trinken, ehe Sie sich ins Unvermeidliche fügen.

Ich bin auch kein Anhänger von Aperitifs wie Pastis oder Wermut und all deren Varianten. Manche sind der Meinung, dass die enthaltenen Kräuteraromen die Zunge ebenso lösen wie perlende Champagnerbläschen. Für meinen Geschmack verbleibt der Kräutergeschmack eine Spur zu lange im Mund und behindert die nuancierte Wahrnehmung der Aromen der Speisen. Wenn ich bei einer Einladung einen Drink als Aperitif anbiete, wähle ich leichtere Varianten. Anstelle des sehr kräuterbetonten Ricard serviere ich meinen Gästen lieber einen Lillet Blanc (Weinaperitif) on the rocks mit einer Orangenscheibe.

Worauf sollten Sie also bei einem Aperitif achten? Ich finde perlende Bläschen ausgezeichnet, würde aber keinen großen Champagner wählen, den man nur in besinnlicher Stimmung wahrhaft genießen kann. Stattdessen biete ich gerne einen weniger körperreichen Champagner ohne ausgeprägten Eigengeschmack an. Er kann trocken sein wie ein Brut oder sogar eine Spur halbtrocken. Die Franzosen scheinen zu glauben, dass ein bisschen Zucker den Appetit fördert. Der Kochbuchautor Harold McGee dagegen ist der Meinung, dass nicht der Zucker, sondern die Säure eines trockenen Champagners oder Weißweins den Appetit anregt.

Erzählen Sie das einmal Yves Camdeborde (dem früheren Chef meines geliebten „La Régalade") und seinen Weggefährten, die in den frühen 1990er-Jahren in Paris den Trend der „Bistronomie" begründeten – große Köche servieren ihre Kreationen in der entspannten Atmosphäre eines Bistros – und den perlenden Cerdon de Bugey aus dem französischen Savoyen in Mode brachten. Der erdige, süße, moussierende und preiswerte Rosé war ihre Unabhängigkeitserklärung an die Tyrannei der bedrohlich-teuren Champagnerkarten. Und die Mahlzeiten, die sie seither in ihren Bistros servieren, sind als Reaktion auf die formalen, klassischen Kreationen der Drei-Sterne-Restaurants zu verstehen, denen die Bistronomen glücklich entflohen waren.

Freunden, die das Prickeln im Glas nicht mögen, können Sie einen leichten, gut gekühlten Weißwein anbieten, aber gestatten Sie mir eine Frage: Warum sind das immer noch Ihre Freunde? Wie auch immer, in dem Fall sollten Sie Körper und Textur des Weines bedenken. Körperreiche, schwerere Weißweine wie der holzige kalifornische Chardonnay eignen sich nicht so gut als Aperitif. Seine Butter- und Vanillearomen sind erst nach einigen Gängen vollständig von der Zunge verschwunden. Ich würde einen leichteren Riesling oder einen anderen Weißwein mit schlankem Körper empfehlen.

Sherry ist auch ein guter Aperitif. Natürlich nicht der schwere, zuckersüße Sherry Ihrer Großmutter, sondern ein guter spanischer Jerez. In Spanien wurde mir oft ein Fino oder ein Manzanilla vor dem Essen angeboten. Beide sind wunderbar leicht und trocken und passen besonders gut zu Oliven und zum einheimischen Schinken. Im „Mugaritz", einem Restaurant in San Sebastian, wurde mir ein Glas Pineau des Charentes serviert, ein Aperitif, der aus unfermentiertem Traubenmost und Cognac hergestellt und in Eichenfässern gelagert wird. Eine nicht gerade patriotische Geste des Sommeliers, aber der Pineau hat mir ausgezeichnet geschmeckt.

Wenn man den Aperitif als Vorspiel ansieht, das die Sinne anregt und auf die kommenden Genüsse vorbereitet, ist der Digestif die zärtliche Umarmung, die einem ein warmes Gefühl gibt und den Nachhall eines köstlichen Festmahls etwas verlängert. Die Franzosen glauben, ein Gläschen Digestif rege nach einer schweren Mahlzeit die Verdauung an (daher der Name) und räume den Magen auf (den Franzosen fällt immer irgendein medizinischer Grund ein, warum sie etwas trinken müssen). Meine Lieblingsspirituose nach dem Essen kommt auch aus Frankreich: Armagnac. Es gibt so viele verschiedene Digestifs, Portwein, Madeira, Pedro Ximénez (süßer Sherry), Brandy, Cognac, um nur einige zu nennen, aber mein Herz schlägt für Armagnac.

Leider wird heute der meiste Cognac in Massenproduktion hergestellt, um mit der steigenden Nachfrage, besonders auf dem wachsenden chinesischen Markt, Schritt halten zu können. Das Ergebnis ist nicht unbedingt schlecht, aber zum größten Teil eindimensional und uninteressant, so wie ein treuer, aber langweiliger Freund. Armagnac dagegen kann temperamentvoll sein wie ein Liebhaber und kapriziös wie ein Künstler.

Cognac wird zweimal destilliert, der aus der Gascogne stammende Armagnac nur einmal. Er lagert zudem länger im Eichenfass. Cognac wird verschnitten, um den für die Marke typischen Charakter über die Jahre hinweg konstant zu halten. Auch Armagnac wird überwiegend als Sorten- und Jahrgangsverschnitt angeboten, hin und wieder gibt es aber Jahrgangsabfüllungen. Eingefleischte Armagnac-Fans glauben, dass Cognac durch die zweifache Destillation seiner besten Eigenschaften beraubt wird, während im Armagnac noch das wahre Terroir der Gascogne zu spüren ist. Ich weiß nicht, wie es Ihnen geht, aber wenn ich einen guten Armagnac genieße, kann ich die Gascogne förmlich riechen: ein Hauch Gewürze wie die *quatre épices,* die in der Region so häufig verwendet werden, eine Spur kandierte Früchte und, unverkennbar, der Duft der Pflaumen.

Armagnac wird am besten fast handwarm getrunken. Ist er kühler, kann er seine Duft- und Aromastoffe im Glas nicht freisetzen, ist er allerdings zu warm, kann der enthaltene Alkohol als unangenehm hart empfunden werden. Statt die Wärme zu genießen, die sich mit einem Schluck Armagnac von der Kehle zum Magen hinunter ausbreitet, hat man das Gefühl, der Alkohol brenne einem ein Loch in den Schlund. Mein Freund Laurent Manrique, der aus der Gascogne stammende Küchenchef der Restaurants „Aqua" und „The Fifth Floor" in San Francisco, hat mir verraten, wie man ein Glas Armagnac richtig wärmt: *„Entre les cuisses d'une femme"* (zwischen den Schenkeln einer Frau), erklärte er auf die unnachahmliche Art eines echten Franzosen.

Litschi „Bellini"

In der asiatischen Variante des klassischen Bellini werden anstelle der Pfirsiche Litschis verwendet. Ich biete diesen Aperitif gerne als launigen Auftakt eines asiatisch inspirierten Essens an.

FÜR 6 PERSONEN

1 Dose Litschis in Sirup (400 g)
1 Flasche weißer italienischer Perlwein oder ein guter Crémant d'Alsace

Am Vortag oder am Morgen der Einladung die Dose öffnen, die Litschis abtropfen lassen und den Sirup dabei auffangen. Die Litschis in eine Schale füllen, mit Klarsichtfolie abdecken und bis zum Anrichten im Kühlschrank aufbewahren.

Den Sirup in das Gefrierfach stellen, entweder in einer geeigneten Plastikdose oder in einer Auflaufform, das Gefäß muss nur weit genug sein, dass man mit den Zinken einer Gabel wiederholt durch den gefrierenden Sirup fahren kann, bis er vollständig zu granitaähnlichen Eisflocken gefroren ist.

Den Wein in Sektflöten füllen, ein paar Litschis und einen Löffel Sirup-Granita hineingeben und servieren.

Pruneaux à l'Armagnac: Dörrpflaumen in Armagnac

In der Gascogne wird man nicht auf einen Kaffee eingeladen, sondern, wenn man Glück hat, auf *pruneaux*. Damit ist nicht etwa ein alter Pflaumenbrand gemeint, sondern in Armagnac eingelegte Dörrpflaumen aus Agen. Hier ein Rezept, damit auch Sie Ihre Freunde zu *pruneaux* einladen können.

Ich serviere sie als Digestif. Jeder Gast bekommt ein kleines Glas mit einer Pflaume und einem kräftigen Schuss von dem Armagnac, in den die Pflaumen eingelegt waren. Auch für Desserts eignet sich das Getränk wunderbar: Eine Scheibe einfacher Madeirakuchen, mit einer Pflaume belegt und großzügig mit Armagnac beträufelt, wird zu einem wahren Gaumenschmaus. Auch Schokoladenkuchen und -soufflé oder Vanilleeis vertragen sich exzellent mit den eingelegten Pflaumen. Der Möglichkeiten gibt es noch viele, aber ich überlasse Sie jetzt Ihrer Fantasie.

FÜR 6 PERSONEN

225 g | knapp 1 cup Zucker
1 unbehandelte Zitrone
1 Vanilleschote
500 g | 3 cups halbgetrocknete Pflaumen mit Stein, vorzugsweise Pruneaux demi-sec aus Agen
1 Flasche guter Armagnac (wählen Sie einen der mittleren Preisklasse, den Sie auch pur trinken würden)

In einem kleinen Stieltopf auf gemäßigter Hitze 250 Milliliter / ein *cup* Wasser und den Zucker aufkochen. Währenddessen mit einem Schälmesser oder Zestenschneider die Zitrone streifenweise abschälen und die Schale in den Topf geben. Die Vanilleschote der Länge nach aufschneiden und beide Hälften ebenfalls hinzufügen.

Die Mischung erneut aufkochen und 2 Minuten kochen lassen. Die Dörrpflaumen in eine mittelgroße Schüssel geben und mit der kochenden Flüssigkeit übergießen. Mit Klarsichtfolie abdecken und 12 Stunden bei Zimmertemperatur weichen lassen.

Die Zitronenschale und die Vanilleschote entfernen. Die Pflaumen mit einem Löffel in ein sehr großes Gefäß mit gut schließendem Deckel geben. Den Armagnac unter die verbleibende Flüssigkeit mischen und durch ein Sieb über die Pflaumen gießen. Das Gefäß fest verschließen und an einem kühlen dunklen Ort ziehen lassen. Nicht vor 2, besser erst nach 4 Wochen öffnen und servieren.

4 Foodie für Fortgeschrittene

CHOCOLAT CHAUD
À LA
TASSE

Fünfzig Dinge, die jeder Foodie einmal im Leben tun oder zumindest versuchen sollte

1. Leben Sie wie die Einheimischen

Mieten Sie wochenweise ein Haus mit Küche in der Nähe einer kleinen Marktstadt in Italien oder in Frankreich. Kochen Sie wenigstens die Hälfte Ihrer Mahlzeiten mit Produkten, die Sie auf dem lokalen Markt eingekauft haben. Essen Sie einmal in der Woche in einem kleinen Lokal am Marktplatz zu Abend – jedes Mal im selben Lokal und am selben Wochentag. Nehmen Sie einen Sprachführer mit, am besten mit einem Bild neben jedem Wort, falls Sie die Aussprache nicht beherrschen.

2. Essen Sie einen ganzen gerösteten Steinbutt an der baskischen Küste Spaniens

Der Steinbutt wird nicht ohne Grund König der Fische genannt. Ziehen Sie blind aus einem Stapel Speisekarten der Pariser Drei-Sterne-Restaurants eine heraus, Sie können wetten, dass ein Steinbutt-Gericht darauf steht. Aber die beste Methode, ihn zu probieren, ist aufs Ganze zu gehen, will sagen, einen ganzen Fisch zu ordern. Der Steinbutt sollte absolut fangfrisch sein und über der Glut geröstet werden. Ein offenes Feuer wäre zwar romantischer, würde aber den delikaten Geschmack des Fisches zerstören. Gewürzt wird mit Salz und vielleicht einigen Tropfen Olivenöl, mehr nicht – selbst Pfeffer wäre zu viel. So einen ganzen Steinbutt isst man am besten mit der Hand. Am Ende der Mahlzeit werden Ihre Finger durch die Gelatine im Fleisch aneinanderkleben – lecken Sie sie einfach ab.

Für dieses Fischgericht kenne ich auf der ganzen Welt keinen besseren Ort als Elkano, ein Fischerdorf etwa eine Stunde außerhalb von San Sebastian. Praktisch alles, was dort serviert wird, stammt aus dem Meer, auf das Sie von Ihrem Fenstertisch aus einen herrlichen Ausblick haben.

3. Essen Sie Fugu

Für dieses Abenteuer empfehle ich Ihnen ein Restaurant, das auf diese Delikatesse spezialisiert ist und das Sie höchstwahrscheinlich nur in Japan finden können. Um das Risiko so gering wie möglich zu halten – schließlich gibt es kein bekanntes Mittel gegen das Gift des Kugelfisches –, sollte man nur den wahren Profis Vertrauen schenken. Suchen Sie nach Köchen mit einer Spezialausbildung, die jedes Jahr zigtausend Fugus fachgerecht zerlegen, und vermeiden Sie auf jeden Fall Hobbyköche, die, im Klartext, einen Fugu eher zermetzeln, weil sie höchstens zweimal pro Jahr einen zu Gesicht bekommen. (Wie bitte, Sie wissen immer noch nicht, was ein Fugu ist? Und Sie wollen ein Foodie sein!).

4. Zwingen Sie sich nicht, etwas zu mögen, das Sie verabscheuen

Wenn Sie irgendetwas, egal, was es ist, wirklich nicht mögen, dann lassen Sie es einfach stehen. Kein Foodie-Anfänger zu sein bedeutet auch, dass man seinen eigenen Geschmack kennt und den Mut hat, dazu zu stehen. Wenn Sie etwas derart widerlich finden, sollte Sie das nicht weiter kümmern. Wenn für Sie eine schöne Chioggia-Rübe nach nichts weiter schmeckt als nach Erde, wird kein Meisterkoch der ganzen Welt in der Lage sein, sie Ihnen schmackhaft zu machen. Allerdings muss ich Ihnen sagen, dass das nur funktioniert, wenn es um ein oder zwei (seien wir großzügig, drei) Dinge geht, die Sie wirklich verabscheuen. Ist die Liste mit Nahrungsmitteln, die Sie ablehnen, seitenlang oder beginnt sie mit Sätzen wie „Am Freitag nichts Blaues“, werfen Sie das Handtuch, Sie werden nie ein Foodie sein.

5. Probieren Sie eine Durianfrucht

Wenn Sie die Frucht selbst nicht essen mögen, probieren Sie wenigstens ein Durian-Dessert. Millionen Südostasiaten können sich nicht irren. Oder? Kosten Sie die feineren Sorten *Mon Thong* oder *Kan Yao* anstatt der ursprünglichen (und deutlich kräftiger schmeckenden) *Cha Nee*.

6. Dinieren Sie in einem Pariser Drei-Sterne-Restaurant

Sparen Sie dafür und gehen Sie aufs Ganze. Wenn Sie sich ständig fragen müssen, wie viel etwas kostet, ehe Sie es bestellen, können Sie den Abend nicht genießen. Wenn Ihnen der Sinn nach extravaganten Kreationen steht, gehen Sie zu Pierre Gagnaire in sein gleichnamiges Restaurant. Für ein bodenständiges Menü, bei dem die Qualität der Produkte an erster Stelle steht, entscheiden Sie sich für „L'Arpège“. Ein ähnlicher Stil, vielleicht mit einer Spur mehr Modernität, wird im „L'Astrance“ gepflegt. Wünschen Sie die klassische französische Küche alter Schule in Perfektion, kommt nur „L'Ambroisie“ in Frage. Im „Le Meurice“ kocht Küchenchef Yannick Alléno ein wenig moderner, bleibt aber auch in der klassischen französischen Küche verwurzelt.

7. Essen Sie einen perfekten Pfirsich

Suchen Sie sich im Hochsommer einen sonnendurchtränkten, baumgereiften, köstlich duftenden Pfirsich – so reif, dass er beim bloßen Hinschauen platzt. Beißen Sie hinein: So ist die Frucht viel saftiger, für alle Fälle sollten Sie aber ein Reservehemd oder -kleid dabeihaben.

8. Probieren Sie stinkenden Käse

Je stärker er riecht, desto besser! Manche Käse, wie einen wirklich reifen Munster sollte man vielleicht nur im Freien essen. Ganz hart an meiner persönlichen Toleranzgrenze liegt zurzeit der britische Bauernkäse Stinking Bishop. Er trägt seinen Namen nicht zu Unrecht. Beweisen Sie Mut und stecken Sie sich ein kleines Stück in den Mund: Sie könnten ihn mögen. Wissenschaftliche Studien belegen, dass etwas, das man ausschließlich mit der Nase wahrnimmt, anders schmeckt, als sein Geruch zunächst vermuten lässt. Man muss nur den Mut aufbringen, es auch in den Mund zu nehmen. Das erklärt, warum manche unangenehm riechenden Dinge dennoch erstaunlich köstlich schmecken. Denken Sie nur an die „Stinkfrucht" genannte Durian, an Trüffeln oder, wie gesagt, an Stinkkäse.

9. Entdecken Sie Ihr Signature-Rezept

Wenn Sie ein Gericht besonders gern mögen, sammeln Sie dafür so viele Rezepte wie irgend möglich. Probieren Sie jedes Einzelne aus, und zwar öfter als nur einmal. Stellen Sie sich anhand Ihrer Experimente Ihre eigene Version zusammen. Bereiten Sie das Gericht wieder und wieder zu, bis Sie es im Schlaf beherrschen. Et voilà: Ihr Signature-Gericht ist geboren. Niemand kann es so gut zubereiten wie Sie. Zumindest können Sie für sich in Anspruch nehmen, dass niemand es auf Ihre Art zubereitet.

10. Probieren Sie im hochsommerlichen Bangkok Khao Chae

Die beste Zeit für eine Reise nach Thailand und andere Länder Südostasiens liegt zwischen November und Februar, weil dann das Klima am mildesten ist. Allerdings gibt es während dieser Monate kein *Khao Chae,* das wahrscheinlich interessanteste Gericht der Thai-Küche. Es besteht aus handpoliertem, al dente gekochtem Reis, der in mit Jasminblüten aromatisiertem kaltem Wasser schwimmt und mit verschiedenen Beilagen serviert wird, wie gefüllte Paprikaschoten in einem filigranen Eiernetz, mit Zucker gebratenes, getrocknetes Schweinefleisch, gefüllte Schalotten, frische grüne Mango und viele duftende Kräuter. Nehmen Sie einen Löffel von dem kalten Reis aus dem Duftwasser und eine oder zwei der Beilagen. *Khao Chae* ist beste Thai-Küche, raffiniert, komplex, erfrischend und vielschichtig und hat nichts mit der üblichen macho-orientierten Schärfe vieler thailändischen Gerichte gemein, die Sie bestimmt kennen. Sie werden von *Khao Chae* überrascht sein; Sie dürfen es köstlich finden, Sie dürfen es sogar verabscheuen, aber wehe dem Foodie, der es nicht probiert!

11. Schlürfen Sie genussvoll einen Espresso im Caffè Mulassano in Turin

Verwöhnen Sie sich mit einem perfekt zubereiteten Espresso mit einer perfekt marmorierten Schaumschicht, der Crema, auf der der eingestreute Zucker ein paar Sekunden verweilt, ehe er vollgesogen auf den Boden der Tasse sinkt. Warum der Zucker? Weil jeder Italiener seinen Espresso so trinkt. Der perfekte Ort dafür ist das Caffè Mulassano in Turin, in dem Tag für Tag der beste Kaffee der Welt serviert wird. Das Ambiente ist von edlen, dunklen Hölzern und Spiegelwänden geprägt, an der Bar stehen elegant gekleidete Italiener und führen kleine Espressotassen zum Mund – die Szenerie ist so perfekt wie aus einem Film.

12. Lernen Sie, einen perfekten Pie-Teig zuzubereiten

Einen Pie-Teig zuzubereiten ist nicht schwer. Warum Kochbücher und Zeitschriften so ein großes Ding daraus machen, ist mir absolut schleierhaft. Und vergessen Sie den ganzen Mist über *gesunde* pflanzliche Backfette. Echte Foodies nehmen für den Teig nichts anderes als Butter (Rezept siehe Seite 119).

13. Fahren Sie mit Ihrem/er Liebsten zu Olivier Roellinger ins bretonische Cancale

Getreu seinem bretonischen Erbe kreiert Olivier Roellinger aus Fischen und Meeresfrüchten wahre Kunstwerke. Er ist auch ein Meister der Gewürze, schon als Kind spielte er immer gern im Gewürzladen seines Großvaters in Saint-Malo, dem alten nordfranzösischen Korsarenhafen. Übernachten Sie in einem seiner Hotels und speisen Sie in seinem Restaurant. Ich verspreche Ihnen den romantischsten Foodie-Aufenthalt Ihres Lebens. (Anmerkung der Redaktion: Das Drei-Sterne-Restaurant „Maisons de Bricourt", das die Autorin meint, hat Roellinger im Dezember 2008 geschlossen. Seine Sterne hat er zurückgegeben. Die Hotels bleiben jedoch bestehen, ebenso sein Zweitrestaurant „Le Coquillage" im Château Richeux, etwas außerhalb von Cancale. Dort werden von seinen besten Mitarbeitern nach wie vor die Fisch- und Meeresfrüchteklassiker des legendären Gourmetrestaurants angeboten. Der Besuch lohnt sich also noch immer).

14. Fangen Sie Dungeness-Krabben im Staate Washington

Die köstlichen Dungeness-Krabben gibt es dort im Überfluss; während der Saison braucht man nur seinen Eimer ins Wasser zu tauchen, schon hat man ein paar gefangen. Entfachen Sie am Strand ein Feuer, kochen oder dünsten Sie die Krabben und essen Sie sie mit den Fingern.

15. Pflücken Sie Ihre Beeren selbst

Pflücken Sie Blaubeeren an der Küste von Maine. Pflücken Sie Olallieberries (eine kalifornische Brombeer-Hybridzüchtung) in Nordkalifornien. Pflücken Sie wilde *Fraises des bois* (Walderdbeeren) in Frankreich. Pflücken Sie englische Erdbeeren in Kent. Geben Sie nur die Hälfte Ihrer Ernte in den Korb, die andere Hälfte sollten Sie an Ort und Stelle verspeisen, denn reife Beeren haben frisch gepflückt ihr stärkstes Aroma. Probieren Sie es aus.

16. Seien Sie stets auf der Suche nach dem Besten

Ganz gleich, worum es sich handelt: Wenn irgendetwas Ihr Herz höher schlagen lässt, finden Sie heraus, an welchem Ort der Welt es dieses Etwas am besten gibt, fahren Sie dorthin und essen Sie es jeden Tag in einem anderen Restaurant, Geschäft oder Imbiss, bis Sie das Nonplusultra gefunden haben. Machen Sie das zu Ihrem Urlaubsvergnügen. Entdecken Sie das beste *Pho* in Saigon, das beste *Khao Soi* in Chiang Mai, die besten Croissants in Paris, die beste Pizza in Rom, die beste Andouillette in Troyes, den besten *Gâteau basque* (baskischer Kuchen) in San Sebastian. Überlegen Sie selbst, was Sie entdecken wollen, und machen Sie sich auf den Weg ...

17. Verbringen Sie eine Woche in New Orleans

New Orleans hat die lebendigste Esskultur der USA. Dort ist jeder ein Foodie, und Sie werden keine zwei Menschen finden, die sich darüber einig sind, wo es das beste Gumbo oder das beste Po'boy-Sandwich der Stadt gibt. Probieren Sie über Holzkohle gebratene Austern im „Drago's", Gumbo im „Liuzza's by the Track", ein Po'boy-Sandwich fast überall und bilden Sie sich dann Ihre eigene Meinung. New Orleans ist eine stolze Stadt, die immer noch mit den Folgen des verheerenden Wirbelsturms Katrina zu kämpfen hat. Fahren Sie dorthin, essen Sie die lokalen Spezialitäten, geben Sie Geld aus und genießen Sie die Lebensart der Einheimischen. Auf diese Weise können Sie Ihren Part zum Wiederaufbau beitragen und dabei noch eine Menge Foodie-Freuden erleben.

18. Ergattern Sie eine Reservierung im „elBulli"

Die Betonung liegt auf „einen Tisch im ‚elBulli' ergattern", nicht auf „im ‚elBulli' speisen". Das Restaurant ist nur von April bis September geöffnet. Die restliche Zeit verbringen der Chef und seine Mitarbeiter in einem Labor mit der Entwicklung neuer Rezepte für die folgende Saison. Für die rund 8000 zu vergebenen Plätze pro Jahr gibt es annähernd eine halbe Million Anfragen. Die Chancen, eine Zusage zu bekommen, stehen gleich null, aber das ist ja gerade der Kick. Ich verrate Ihnen mal einen kleinen Trick. Im elBulli ist der jährliche Stichtag für die Eröffnung des Reservierungsbuches der 15. Oktober. Es ist wichtig, dass Sie Ihre Anfrage per Fax oder E-Mail senden. Rufen Sie nicht an. Ich will Ihnen noch ein kleines Geheimnis verraten: Ich habe schon im elBulli gegessen, aber ich habe es nie geschafft, dort selber eine Reservierung zu ergattern. Ich sollte auf meinen eigenen Ratschlag hören und es wieder einmal versuchen.

19. Kochen Sie ohne Rezepte

Der verstorbene Alain Chapel, der Chefkoch der Chefköche, wenn es so etwas gibt, verglich Rezepte mit einem Gefängnis für kreatives Kochen. Mein Freund Daniel Patterson, Eigentümer und Küchenchef des Restaurants „Coi" in San Francisco, behauptet, kochen nach Rezept sei wie Autofahren mit eingeschaltetem Navi. Man kommt ans Ziel, aber man findet nicht mehr zurück. Wenn Sie sich sklavisch an Rezepte halten, lernen Sie nie, ein Gefühl für Produkte und Garprozesse zu entwickeln, Ihren Kochinstinkt zu verfeinern und zu verstehen, was warum wie funktioniert.

Ich will damit nicht sagen, dass Sie keine neuen Rezepte mehr anschauen oder sich kein weiteres Kochbuch kaufen sollen, ich möchte Sie nur dazu anregen, sich von Kochbüchern und Rezepten inspirieren zu lassen, aber hin und wieder loszulassen und einfach nur nach Ihren Instinkten zu kochen. Gut möglich, dass Ihnen Ihr Hähnchen ein- oder zweimal anbrennt, aber möglicherweise gelingt Ihnen das beste Hähnchen, das Sie jemals gegessen haben. Sie können das nur herausfinden, wenn Sie es ausprobieren.

20. Lernen Sie, einen einfachen, aber dekadenten Schokoladenkuchen zu backen

Hier steht, wie es geht. Sie brauchen 200 g gute Bitterschokolade, 225 g / 1 *cup* Butter, 25 g / ¼ *cup* Kakaopulver, 85 g / ¼ *cup* saure Sahne oder Crème fraîche, 1 Prise Salz, 5 große Eier (Eiweiß und Eigelb getrennt), 225 g / 1 *cup* Zucker und 60 g / ½ *cup* Mehl.

Die zerkleinerte Schokolade, Butter und Kakaopulver in eine mittelgroße Glasschüssel geben. 1–2 Minuten (je nach Gerät) in die Mikrowelle stellen, bis die Butter und etwa die Hälfte der Schokolade geschmolzen sind. Die Schüssel herausnehmen, alles gründlich miteinander verrühren und beiseitestellen.

Eigelbe, Zucker und Mehl in eine zweite mittelgroße Glasschüssel geben und mit einem Spatel oder Holzlöffel verrühren, bis sich alles gut vermischt hat. Crème fraîche und Salz hinzufügen und unterrühren. Zu der Schokoladen-Butter-Mischung geben und wieder alles gründlich miteinander verrühren. Beiseitestellen.

Die Eiweiße mit der Kraft Ihres Armes oder einem Handrührgerät schlagen, bis sich eine weiche Spitze bildet, die sich beim Herausziehen des Schneebesens schnell zur Seite neigt. Zunächst nur etwa ein Drittel des Eischnees mit der Teigmischung verrühren. Den Rest vorsichtig unterheben, bis die weißen Streifen vollständig im Teig verschwunden sind.

Den Backofen auf 200 °C vorheizen. Eine 22 × 12 Zentimeter große Kastenform ausbuttern, mit Mehl ausstreuen und den Boden mit einem Stück Backpapier auslegen. Den Schokoladenteig hineinfüllen und die Oberfläche mit einem Messerrücken glatt streichen. In den Ofen schieben und 25–30 Minuten backen, bis sich die Oberfläche leicht wölbt. Den Kuchen aus dem Ofen nehmen, aber in der Form etwa 1 Stunde bei Zimmertemperatur abkühlen lassen. Anschließend in Küchenfolie wickeln und in den Kühlschrank stellen. Mindestens 1 Stunde vor dem Auftragen aus dem Kühlschrank nehmen und den Kuchen mit einem Messer von den Seitenwänden der Form lösen. Auf eine Platte stürzen und in Scheiben schneiden. Mit frischen Beeren, eingemachten Früchten oder einem Klecks Schlagsahne servieren. Das wird von jetzt an Ihr Standardschokoladenkuchen. Zur Abwechslung können Sie den Teig in ein Muffinblech oder in einzelne Portionsförmchen füllen und 12–15 Minuten backen.

21. Kaufen Sie sich eine Küchenwaage

Die einzige Methode, etwas genau abzumessen und jedes Mal exakt die gleiche Menge zu haben, ist das Abwiegen. Professionelle Köche und Bäcker wissen das. Irgendwann wird sich diese Erkenntnis auch bei Hobbyköchen und Kochbuchautoren herumsprechen. Sie könnten zum Trendsetter werden. Außerdem müssten Sie dann nie wieder einen Messbecher abspülen.

22. Lernen Sie, wie man Mamas (oder Papas) Vorzeigegericht kocht

Selbst eine Mutter, die nicht das Geringste mit einem Foodie gemein hat, hat ein Gericht, das sie ganz vorzüglich zubereitet. Lernen Sie, es genauso zu kochen wie sie. Eines Tages werden Sie darüber froh sein und das Rezept an die nachfolgende Generation weitergeben.

23. Essen Sie eine chinesische Wollhandkrabbe, vorzugsweise am Yangcheng-See

Wollhandkrabben gelten in China als Delikatesse. Nicht der ganze Körper, nur die Scheren der Männchen sind mit einer pelzigen Wolle bedeckt. Ihr außergewöhnlicher Geschmack lässt sich nur schwer beschreiben, aber meiner Meinung nach ist ihr Ruf als Delikatesse absolut gerechtfertigt. Allerdings sollten Sie nach der Mahlzeit Ingwertee trinken oder ein Dessert auf Ingwerbasis wählen. Wollhandkrabben führen sehr viel Yang-Energie zu, die man mit Ingwer, der zur Yin-Nahrung gehört, ausgleichen soll. Tun Sie das nicht, bekommen Sie eine Erkältung. Das können Sie mir ruhig glauben.

24. Geben Sie eine Locavore-Party

Die Anhänger der Locavore-Bewegung (www.locavores.com), einem neuen Ernährungstrend aus den USA, haben es sich zur Philosophie gemacht, sich nur noch von Produkten zu ernähren, die innerhalb eines Umkreises von 100 Meilen (160 Kilometer) um San Francisco gezüchtet oder angebaut werden. Sie können dasselbe tun, indem Sie eine Liste von Nahrungsmitteln aufstellen, die aus Ihrer Region stammen und saisonal angeboten werden. Sie glauben vielleicht, dass das nicht viel sein kann, aber wenn Sie sich mit den Bauernhöfen und Erzeugern innerhalb Ihres 160-Kilometer-Radius beschäftigen, werden Sie staunen. Planen Sie ein Essen für Ihre Freunde, bei dem mehr als 80 Prozent der Produkte, die Sie eingekauft haben, aus der Region stammen. Drucken Sie eine Liste aus mit den Erzeugern und den Produkten, die Sie bei ihnen erworben haben, und geben Sie sie Ihren Gästen mit auf den Heimweg.

25. Schmeißen Sie eine Pad-Thai-Party für Ihre Freunde
Laden Sie ein paar Freunde ein und bereiten Sie Pad Thai nach meinem Rezept auf Seite 67–73 zu. Besorgen Sie sich vorher alle nötigen Zutaten in Ihrem lokalen Asien-Markt. Bereiten Sie die Sauce einen Tag vorher zu, alles andere muss am Tag der Einladung vorbereitet werden. (Noch besser wäre es, wenn Sie jede Zutat einem Freund zuweisen könnten, dann müssten Sie die umfangreichen Vorbereitungsarbeiten nicht ganz allein bewältigen). Stellen Sie alle Zutaten in Wok-Nähe bereit (Sie haben doch einen Wok, oder?). Achten Sie darauf, dass der Champagner oder der Riesling nicht ausgeht, damit Ihre Freunde während der Wartezeit beschäftigt sind. Bereiten Sie nach und nach die Pad-Thai-Portionen zu. Mutige Freunde können es auch gerne selbst versuchen.

26. Probieren Sie gealterte Ölsardinen
Der herausragende Ernährungswissenschaftler Harold McGee hat mir erzählt, er habe eine ganze Menge Dosen Ölsardinen gelagert. In der luftleeren Umgebung der Konservendose scheint sich nach einiger Zeit etwas Verblüffendes zu vollziehen: Fett, Säure und Fisch reagieren miteinander und entwickeln einen erstaunlichen Wohlgeschmack.

27. Schwelgen Sie in Austern
Es gibt viele berühmte Sorten wie die Belon-Austern aus der Bretagne. Vielleicht haben Sie auch schon von den *Fines de Claire* aus Marenne gehört (die sind mir zu dick und fleischig, ich mag lieber die delikateren *Pousses en Claire,* die ich selbst der Belon-Auster vorziehe). An der Ostküste der USA sind die kleinen Pemaquid-Austern unschlagbar, während mir an der Westküste die wesentlich kleineren *Kumamotos* die liebsten sind.

Hervorragende, absolut frische Austern brauchen kein Beiwerk. Selbst ein Spritzer aus einer frischen Limette kann schon zu viel sein. Wenn Sie unbedingt wollen, können Sie zu den Austern eine Sauce Mignonette aus ein paar gehackten Schalotten, etwas Sherryessig, Salz und Pfeffer zubereiten. Mich lenkt die Sauce ab, aber ich gebe zu, sie ist eine köstliche Ablenkung.

Auf dem Londoner Borough Market habe ich am Stand der Wright Brothers die großartigen West-Mersea-Austern kennengelernt, die aus Colchester stammen, wo seit der Römerzeit Austern geerntet werden. Sie sind ausgesprochen delikat, und ihr betont mineralischer Geschmack macht sie zu einem noch perfekteren Partner eines wunderbaren Chablis als die meisten französischen Austern.

28. Probieren Sie ein Steak vom berühmten japanischen Kobe-Rind

Sie brauchen original japanisches Fleisch, ein anderswo gezüchtetes Kobe-Rind zählt hier nicht. Australisches Kobe-Fleisch ist nicht schlecht, aber im Grunde auch nicht vergleichbar. Die einzigartige Qualität japanischer Kobe-Rinder zeichnet sich nicht nur durch den Geschmack, sondern auch durch die butterzarte Textur des fein marmorierten Muskelfleisches aus. Ein Kobe-Steak sollte rosa gebraten werden, denn die Fleischtemperatur muss hoch genug sein, um das Fett zum Schmelzen zu bringen. Erst dadurch entsteht der unvergleichlich saftige, köstliche Fleischgeschmack.

In vielen Restaurants der USA ist Kobe zu einem Codewort für tatsächlich sehr gutes und – was noch mehr zählt – sehr teures Fleisch geworden, das an unwissende Kunden mit dickem Portemonnaie verkauft wird. Das ist auch der Grund für so abscheuliche kulinarische Kreationen wie „Kobe-Burger" oder „Kobe-Hackbraten". Das ist so, als suche man in Rom nach dem besten Gelato, fülle es in ein Glas, stelle es in die Sonne, bis es geschmolzen ist, und trinke es dann mit dem Anspruch, dass es den gleichen Geschmack und die gleiche Textur hat wie beim Kauf in der Gelateria.

29. Essen Sie Wildgeflügel während der Jagdsaison in Europa

Es spielt im Grunde keine Rolle, welche Art Wild Sie probieren, ob Fasan, Rebhuhn, Raufußhuhn oder Ringeltaube, Hauptsache, Sie finden einen Vogel, in dem noch etwas Schrot steckt. Allerdings sollten Sie den Hautgout von Wildgeflügel wirklich richtig mögen. Es schmeckt nicht wie ein Hähnchen, das sollten Sie wissen. Im Londoner Restaurant St. John wurde mir einmal ein Raufußhuhn serviert, das bis kurz vor der Verwesung abgehangen war. Es war so sanft gebraten, dass die Haut knusprig, das Fleisch darunter aber noch fast roh war. Es schmeckte erstaunlich gut, aber ich war offen gestanden nicht sicher, ob ich die Mahlzeit überleben würde.

30. Suchen Sie Ihre Lieblingsgarnelen weltweit

Probieren Sie die besten Garnelenarten der ganzen Welt, wie *Gambas rojas* von der spanischen Küste bei Alicante, *Gamberi rossi* aus Norditalien, hellrosa Grönland-Shrimps oder die herrlich gefleckten *Spot prawns* aus dem kalifornischen Santa Barbara. Informieren Sie sich, wie die einzelnen Arten gefangen und bestmöglich gegart und gegessen werden. Machen Sie sich Notizen, wie Sie den jeweiligen Geschmack empfunden haben, vergleichen Sie Ihre Aufzeichnungen und wählen Sie dann Ihren

Favoriten. Denken Sie sich für ihn eine regelrechte Lobeshymne aus, die betont, weshalb er alle anderen im Vergleich blass aussehen lässt. Lernen Sie den Text auswendig und verwenden Sie ihn auf einer Party, um im Gespräch die Oberhand zu gewinnen, wenn jemand versucht, Sie als Foodie auszustechen. Kontern Sie einfach mit: „Und welche Garnelen bevorzugen Sie?" Sie werden jedes Mal gewinnen.

31. Probieren Sie Osetra-Kaviar, den echten, aus Iran

Tun Sie's, weil es den nicht mehr lange gibt. Eines Tages werden Sie Ihren Enkeln davon erzählen.

32. Bereiten Sie ein Torchon de foie gras zu und servieren Sie es als Kanapee

Reichen Sie einen herausragenden Wein zu der Stopfleber im Tuch, einem der besten und ausführlichsten Rezepte aus dem French Laundry Cook Book (Anmerkung der Redaktion: „The French Laundry" ist ein Drei-Sterne-Restaurant im kalifornischen Napa Valley, das Buch des Küchenchefs Thomas Keller ist bisher nicht in deutscher Übersetzung erschienen). Ja ja, ich weiß schon, keiner kocht nach diesem Buch, aber dieses eine Rezept sollten Sie unbedingt ausprobieren.

33. Bereiten Sie Ihrem/Ihrer Liebsten ein Omelett unter einer Decke hauchfeiner schwarzer Trüffelspäne zu

Nehmen Sie eine perfekte schwarze Trüffel aus Frankreich, entfernen Sie die anhaftende Erde mit einer weichen Bürste und legen Sie sie mit vier Eiern in einen verschlossenen Behälter. An der Trüffel haften Erde und Sand, weil sie anfängt zu verderben, sowie sie von der Erde befreit ist, mit der sie ausgegraben wurde. Hochwertige Trüffeln werden daher immer ungereinigt geliefert. Mit Trüffeln mittlerer Qualität sollten Sie sich gar nicht erst abgeben, genauso wenig wie mit mittelmäßigem Kaviar oder billigem Champagner. Also nehmen Sie die besten Trüffeln oder lassen Sie es ganz. Ein perfekt zubereitetes Omelett aus legefrischen Eiern von glücklichen Hühnern ist in sich schon ein Genuss, tun Sie ihm keine minderwertigen Trüffeln an.

Am folgenden Morgen befreien Sie die Trüffel von allen Erdresten. Legen Sie Ihren Trüffelhobel bereit. Schlagen Sie die Eier in eine Schale und verquirlen Sie sie locker mit einer Gabel, um Eiweiß und Eigelb nur eben zu mischen und etwas Luft in die Mischung zu schlagen. Beachten Sie, dass bisher kein Salz ins Spiel gekommen ist – noch nicht.

Stellen Sie eine perfekt eingebrannte gusseiserne Pfanne mit 20 Zentimeter Durchmesser auf mittlere Hitze. Sie können auch eine beschichtete Pfanne nehmen, wenn Ihnen das sicherer erscheint. Die Pfanne soll sehr heiß werden, aber nicht rauchen. Schmelzen Sie einen Esslöffel Butter in der Pfanne und geben Sie schnell die Eiermasse hinein. Lassen Sie sie 10–20 Sekunden am Pfannenboden und an den Rändern stocken, dann schieben Sie die Eier mit einer Gabel vom Rand aus etwas zur Mitte hin. Die bereits gestockte Eiermasse sollte sich kräuseln wie ein hastig zugezogener Vorhang. Neigen Sie die Pfanne zu der Seite, von der Sie die Eier gerade weggeschoben haben, damit die noch flüssige Masse nachfließen kann. Wiederholen Sie den Vorgang von allen Seiten, bis sich zwischen den gestockten, gekräuselten Eiern nur noch ein Rest flüssiger Masse befindet.

Hobeln Sie schnell großzügige Trüffelspäne über das Omelett. Falten Sie es von entgegengesetzten Seiten zweimal zur Mitte hin. Nehmen Sie ein gutes Stück gesalzene Butter und bestreichen Sie damit locker das gefaltete Omelett. Geizen Sie nicht mit Butter – Genuss und Diät sind zweierlei. Hobeln Sie reichlich Trüffelspäne über das noch warme Omelett. Schwarze Trüffeln brauchen etwas Hitze, um ihr Aroma voll zu entfalten, daher ist Eile geboten, damit das Omelett nicht abkühlt, ehe es von den Trüffeln geküsst wird. Jetzt heißt es sofort servieren, am besten ans Bett. Ein Gläschen Champagner kann dazu nicht schaden.

Nebenbei gesagt, sollten Sie beide sich für den Morgen nichts Wichtiges vornehmen. Von den alten Griechen und Römern weiß man, dass sie Trüffeln als hochwirksames Aphrodisiakum ansahen. Ich übrigens auch.

34. Essen Sie ein Feuilleté de truffe „bel humeur" im „L'Ambroisie" in Paris

Die edelsten schwarzen Trüffeln kommen aus dem Périgord. Am besten schmecken sie, wenn sie indirekt erhitzt werden, das hebt ihr ohnehin kräftiges Aroma in schwindelerregende Höhen. Das beste Trüffelgericht, das ich jemals gegessen habe, ist wohl das *Feuilleté de truffe „bel humeur",* das mir im „L'Ambroisie" serviert wurde. Mein Freund Julien Port hat es am treffendsten beschrieben: „Eine ganze Trüffel, aufgeschnitten wie ein Burgerbrötchen, belegt mit einer dicken Scheibe Foie gras, eingepackt in Blätterteig, auf Trüffelsauce serviert. Amen."

35. Essen Sie einen perfekt zubereiteten Risotto mit weißen Albatrüffeln

Mehr ist dazu nicht zu sagen: Perfekt gegarter Reis mit frischen weißen Trüffeln. Wenn Sie sich an der Côte d'Azur aufhalten, kaufen Sie Ihre

Trüffeln nur bei Truffle Don. Suchen Sie nach ihm und sagen Sie ihm, ich hätte Sie geschickt. Andernfalls suchen Sie nach den besten weißen Trüffeln, die Sie sich gerade noch leisten können. Dann kochen Sie einen perfekten Risotto, über den Sie reichlich hauchfeine Trüffelspäne hobeln. (Kochen Sie nach dem Risottorezept auf Seite 106. Lassen Sie den Teil mit Lakritze und anderen Aromen aus und bereiten Sie den Risotto nur mit Reis, Brühe und Käse zu.)

36. Wählen Sie ein Omakase-Menü in einer der besten Sushi-Ya der Welt

Omakase ist Vertrauenssache, das heißt, Sie vertrauen darauf, dass der Chef Ihnen nur das Allerbeste auftischen lässt. Besuchen Sie eine der besten Sushi-Bars der Welt und vertrauen Sie dem Chef. Probieren Sie das „Masa" in New York, das „Urasawa" in Beverly Hills oder das „Mizutani" in Tokio.

37. Werfen Sie alle Gewürze weg und füllen Sie Ihr Regal neu

Angebrochene Gewürze haben nur eine Lebensdauer von sechs Monaten. Wie lange stehen Ihre Gewürze schon im Regal? Wenn Sie ähnlich wie meine Foodie-Freunde sind, stehen die Gläschen schon deutlich länger herum. Wahrscheinlich haben Sie sowieso nur fünf oder sechs der 30 Gewürze gebraucht, die Sie gekauft haben. Werfen Sie alle weg und fangen Sie neu an. Kaufen Sie nur die Gewürze, die Sie tatsächlich verwenden, dann können Sie sich eine bessere Qualität leisten.

38. Lassen Sie all Ihre Messer in einem Fachgeschäft schleifen oder kaufen Sie sich ein gutes Messer

Jeder amerikanische Koch, der auf sich hält, hat offenbar eine ganze Kollektion Chefmesser mit Klingenlängen von 15, 21 und sogar 25 Zentimeter. Ganz ehrlich, ich gehöre nicht dazu. Das Messer, das ich am meisten verwende, ist kein reguläres Chefmesser, sondern ein kleineres japanisches Allzweckmesser. Suchen Sie sich ein oder zwei Messer aus, die sich in Ihrer Hand gut anfühlen. Wählen Sie ein Chefmesser, ist das in Ordnung. Falls nicht, ist das ebenfalls in Ordnung. Ganz gleich, welche Sie verwenden, achten Sie darauf, dass sie immer scharf sind. Lassen Sie sie gelegentlich in einem Fachgeschäft schleifen, das Ergebnis wird Sie begeistern.

39. Kaufen Sie sich eine gusseiserne Pfanne

In der heimischen Küche kann man ein Steak nur in einer gusseisernen Pfanne so zubereiten, dass es ein Genuss ist. Kaufen Sie sich eine; wenn Sie erst einmal mit ihr vertraut sind, werden Sie sie nicht nur für Steaks verwenden.

40. Kochen Sie ein Gericht auf Basis eines Gewürzes (oder einer Gewürzmischung), das Sie nicht kennen

Probieren Sie etwas aus, das Ihnen vollkommen unbekannt ist, zum Beispiel das marokkanische Ras el Hanut oder das indische Vadouvan. Versuchen Sie es einfach. David Kinch empfiehlt Vadouvan, eine fermentierte Currypaste, zu gebratenen Lammkoteletts. Das ist zwar keine naheliegende Kombination, aber Sie werden positiv überrascht sein.

41. Verkosten Sie Olivenöl

Kaufen Sie nicht wahllos irgendwelche Flaschen, die Sie dann zu Hause probieren. Informieren Sie sich vorher über die Olivensorten, die regionalen Besonderheiten und die namhaften Erzeuger weltweit. Besorgen Sie sich ein paar ausgesuchte Flaschen Öl, die charakteristisch sind für verschiedene Geschmacksrichtungen und Olivensorten der ganzen Welt. Kaufen Sie zum Beispiel Öle der Olivensorten Arbequina aus Katalonien, Taggiasca aus Ligurien, Picual aus Spanien und Mission aus Kalifornien. Vergleichen Sie sie miteinander und finden Sie heraus, welche Sie mögen und warum. Wenn Sie sich für eine bestimmte Sorte oder Region entschieden haben, können Sie die Produkte der verschiedenen Erzeuger dieser Region miteinander vergleichen und so Ihr Lieblingsöl herausfinden.

42. Backen Sie ein knuspriges Brot

Siehe „Brot selber backen – was denn sonst?" (Seite 207).

43. Helfen Sie in einer Suppenküche aus oder spenden Sie für das Welternährungsprogramm der Vereinten Nationen

Auf dieser Welt müssen viele Menschen Hunger leiden. Wir haben großes Glück, dass wir nicht unter ihnen sind. Vergessen Sie das nie und helfen Sie ihnen. Und ja, denken Sie das nächste Mal daran, die Reste in Ihrem Kühlschrank aufzuessen.

44. Essen Sie Streetfood in Asien

Für Anfänger empfehle ich die keimfreien Straßenküchen in Singapur. Gegen ein köstliches *Char kua tiew* (Nudelgericht mit Schweinefleisch) lässt sich dort rein gar nichts einwenden. Wenn Sie dann genug Mut angesammelt haben, einen Schritt jenseits der blitzblanken Essensstände zu wagen, fliegen Sie eine Stunde nordwärts nach Bangkok und gehen Sie auf einen der großen, touristisch orientierten Märkte wie Or Tor Kor. Sie müssen ja nicht gleich Käfer essen, die im Allgemeinen sowieso nur als Herausforderung für Touristen angeboten werden. Gehen Sie geradewegs zu einem der Stände, wo jedes Teil vom Schwein in jeder Größe verkauft wird. Probieren Sie Schweinebauch mit Haut, der gedämpft und anschließend kurz knusprig gebraten wird. Und wenn Sie dann noch mutiger werden, besuchen Sie Märkte innerhalb Thailands, oder noch besser: Gehen Sie nach Laos, Vietnam oder Kambodscha. Aber auch dort würde ich keine Käfer essen.

45. Trinken Sie Tee bei „Mariage Frères" in Paris

Beobachten Sie die weiß uniformierten, weiß behandschuhten Angestellten, die hinter der Bar dieses wundervollen Salons mit Hingabe

Tee aufbrühen. Für sie scheint das die wichtigste Sache der Welt zu sein. Je nach Sorte werden die Tees mit Wasser unterschiedlicher Temperatur aufgegossen, die jeweilige Ziehdauer wird präzise eingehalten. Ist die Ziehzeit abgelaufen, wird der Tee sofort in eine Servierkanne umgegossen.

46. Essen Sie im Stehen einen Taco in einem Taco Truck

Wenn Sie als Foodie nichts erschüttern kann, müssen Sie in Kalifornien unbedingt ein *Ceviche* (marinierter roher Fisch) im Stehen in einem Taco Truck essen, am besten in einem ohne fließendes Wasser. (Taco Trucks sind mobile Restaurants in Lastwagen, die entlang der Straßen parken und hauptsächlich mexikanische Gerichte servieren).

47. Bestellen Sie im „L'Arpège" das Menu du Jardin

So gut wie niemand hat eine solche Hingabe zu Gemüse entwickelt wie Alain Passard. Das ist nicht weiter erstaunlich, wenn man bedenkt, dass deren Zubereitung nicht erst in der Küche, sondern weit außerhalb von Paris beginnt, in den Gemüsegärten des Küchenchefs in der Normandie und der Bretagne, wo die erstklassigen Produkte ausschließlich biologisch angebaut werden. Auf den Tellern des Drei-Sterne-Restaurants werden frisch gezupfte Karotten mit einer faszinierenden Schokoladensauce überzogen, die mit einer Infusion aus Hummerjus eine herzhafte Note erhalten hat. Zuckersüße grüne Erbsen schwimmen in einer Schale mit delikater Zwiebelbrühe und säuerlicher Grapefruit. Das ist ein teures Essen, in der Tat, aber man bezahlt nicht nur die Erbsen, man bezahlt auch die Philosophie und Komplexität, die dahinter steht. Wenn Ihnen das etwas wert ist, könnten Sie für Ihr Geld die beste Mahlzeit Ihres Lebens genießen. Wenn nicht, überspringen Sie einfach diesen Punkt.

48. Bestellen Sie im Sommer keine Speisen mit Trüffeln

Fade, unaromatische Sommertrüffeln machen sich in einem Gericht kaum bemerkbar, dafür aber umso mehr auf Ihrer Rechnung. Ich bin ziemlich sicher, dass einige Küchenchefs sie nur verwenden, um ihren teuren Restaurants einen Anstrich von Luxus zu geben. Lehnen Sie Mittelmäßigkeit ab und lassen Sie sich darauf nicht ein.

49. Probieren Sie am heimischen Herd etwas „Molekulares"

Die Molekulargastronomie zieht sich langsam aus den teuren Sternerestaurants zurück und hält mehr und mehr Einzug in unsere Küchen. Versetzen Sie sich zurück in den Chemieunterricht. Spielen Sie mit Agar-Agar oder mit Trockeneis oder mit flüssigem Stickstoff und probieren Sie aus, ob Sie damit die Textur oder das Aroma der Speisen, die Sie kochen, auf eine neuartige, ja bizarre Art verändern können. Es wird Ihnen Spaß machen. Einen großartigen Einstieg bietet Heston Blumenthals Buch *In Search of Perfection.* Probieren Sie sein Pizzarezept aus – es ist sagenhaft. (Anmerkung der Redaktion: Das Buch ist bisher nicht in einer deutschen Übersetzung erschienen.)

50. Geben Sie eine Grillparty

Stellen Sie sich folgende Szenerie vor: ein mit dichtem Gras bewachsener Hügel, alte, Schatten spendende Eichenbäume, üppige Weinfelder ringsum; ein großes, köstliches, vormals glückliches Freilandschwein einer seltenen Rasse brät langsam über einem offenen Feuer, bis sein Fleisch schmelzend zart und seine Haut knusprig braun ist; gute Weine; Sie und Ihre Freunde liegen faul ausgestreckt im Gras, während ein kühles Herbstlüftchen über Sie hinwegstreicht; hinter dem Höhenzug dort hinten liegt schimmernd das Meer.

Sagen Sie Ihren Freunden, Sie sollen kräftigen Appetit und eine Beilage mitbringen und eventuell etwas für den Grill, falls sie an der *Fête de cochon* nicht teilhaben wollen. Natürlich können sie auch Bier oder Wein mitbringen, Wein kann schließlich nie genug da sein.

Um Einweggeschirr zu vermeiden, bitten Sie Ihre Freunde, eigene Teller, Wein- oder Wassergläser und Besteck mitzubringen (aber nehmen Sie es Ihnen nicht übel, wenn sie lieber mit den Fingern essen).

Wie man ein nachhaltiger Foodie ist

Nach dem Lesen der Überschrift konnten Sie sich einen Stoßseufzer nicht verkneifen, stimmt's? Wie langweilig, und irgendwie auch beängstigend! Die meisten Menschen winken ab und werfen das Handtuch, vor allem, weil sie sich nicht wirklich etwas unter einem nachhaltigen Foodie vorstellen können.

Wir alle sind der Meinung, dass es für uns selbst und für unsere Umwelt besser ist, wenn wir ein Leben nach „grünen“ Grundsätzen führen. (Falls Sie nicht dieser Meinung sind, sehen Sie sich den Film *Eine unbequeme Wahrheit* an oder lesen Sie *The Omnivore's Dilemma*: von Michael Pollan, danach können wir weiterreden.) Zudem liegt für uns Foodies die Wahrheit sozusagen auf dem Teller: Konventionell im Treibhaus angebaute Erdbeeren, die im Januar von Gott weiß welchen fernen Landen angeliefert werden, können nicht mit den köstlichen, von der Sonne verwöhnten, regional angebauten, frisch gepflückten Beeren konkurrieren, die im Hochsommer auf dem Bauernmarkt angeboten werden. Das Fleisch artgerecht aufgezogener Freilandhähnchen hat den wunderbaren Geschmack und die zarte Textur, die man bei den schwabbeligen, wässrigen Hähnchen aus intensiver Mast, die wahrscheinlich keinen einzigen Tag ihres kurzen Lebens unter freiem Himmel verbringen durften, vergeblich sucht.

Das Problem ist nicht, dass wir nicht glaubten, „grün“ sei gut, aber was in den Medien als „grün“ und „umweltbewusst“ qualifiziert wird, kann selbst Menschen mit den besten Absichten verwirren. Uns wird gesagt, biologisch sei gut (geringere Aufnahme von Pestiziden) und der Verzehr biologisch angebauter Produkte besser für die Umwelt (weniger chemische Rückstände im Boden). Wie es heißt, ist es noch besser, sich mit Lebensmitteln der Region zu ernähren, weil die vielen tausend Kilometer, die zurückgelegt werden, um unsere Supermärkte im Januar mit frischen, organisch-biologisch oder konventionell angebauten Himbeeren aus Chile oder Peru zu beliefern, einen beträchtlichen CO_2-Fußabdruck hinterlassen.

Also achten wir darauf, dass die Lebensmittel, die wir kaufen, in erster Linie regional, in zweiter Linie biologisch sind. Und genau da wird es kompliziert, wenn ich ehrlich bin. Die Verfechter von „biologisch vor regional“ argumentieren, dass der Anbau von Produkten in einem klimatisch weniger günstigen Umfeld (zum Beispiel Großbritannien im Februar) noch mehr Energie verbrauche und so einen noch größeren CO_2-Fußabdruck hinterlasse als der Import von biologischem Reis aus Vietnam. Außerdem geben sie zu bedenken, dass der Trend zum Einkauf regionaler Produkte den armen Bauern und Nahrungsmittelerzeugern in den Entwicklungsländern schade: Was würde denn aus den verarmten vietnamesischen Reisbauern ohne den Reisexportmarkt?

Manche Einzelhändler haben sich sogar bemüht, dadurch zu „helfen“, dass sie ihren CO_2-Fußabdruck auf die Verpackungen drucken lassen oder den Hinweis, dass sie zum Ausgleich für ihre CO_2-Emission Bäume pflanzen. Leider bewirken diese Bäume nichts, jedenfalls nicht beim aktuellen Stand der Dinge. Es sind immer noch keine verbindlichen Standards darüber vereinbart worden, wo bei den Zahlenkalkulationen die Grenze gezogen werden muss. Wie hoch ist die Emission für einen Maiskolben? Werden auf der Farm sämtliche Arbeiten, die einen CO_2-Ausstoß verursachen, ebenfalls berechnet? Oder wird noch weiter zurückgegangen und selbst die Emission des Düngeranteils für einen Maiskolben mit einkalkuliert? Wo wird die Grenze gezogen? Die Dinge werden noch komplizierter, wenn Firmen versuchen, ihre CO_2-Emission dadurch zu kompensieren, dass sie das Anpflanzen eines Baumes finanzieren. Diese Art Gegenleistung kreiert so absurde Szenarien, dass eine Handelsmarke für Tafelwasser in Flaschen, die den weiten Weg von einer Insel im Südpazifik nach Europa und Nordamerika transportiert werden, eine negative CO_2-Emission geltend machen kann. Solange es keine Standards für die Berechnung der CO_2-Emissionen in der Nahrungsmittelproduktion gibt, ist die Situation für den Verbraucher höchst verwirrend. Allerdings ist jedes Bemühen, etwas zu tun, besser, als die Hände in den Schoß zu legen.

Zu dieser ganzen Konfusion kommen noch gewisse Skeptiker, die behaupten, wir seien elitäre Gutmenschen, denen es nur darum ginge, unserem Lebensstil ein grünes Image zu verpassen, um unser yuppiehaftes Konsumverhalten reinzuwaschen. Sie beschuldigen uns, über die anderen, nicht reingewaschenen Verbraucher die Nase zu rümpfen, solche, die Plastiktüten nach Hause tragen mit Eiern aus Legebatterien. Geben Sie beiden Seiten ein kleines Podest und schicken Sie sie in den Hyde Park zu Speakers' Corner. Sie werden noch dastehen und ihre Argumente verteidigen, wenn die Polkappen bereits komplett geschmolzen sind. Und anstatt auf dem Podest zu stehen, benutzen sie es, um nicht unterzugehen, als Floß und argumentieren munter weiter.

Sie können natürlich ausharren und die endgültige Entscheidung darüber, was das Beste ist, abwarten, ehe Sie überhaupt etwas tun. Ich jedenfalls will nicht untätig bleiben. Gut möglich, dass es nie zu einer ultimativen Entscheidung kommt. Also lassen Sie uns heute damit anfangen, zu tun, was zum jetzigen Zeitpunkt getan werden kann.

Zehn einfache Schritte auf dem Weg zum nachhaltigen Foodie

1. Kaufen Sie en gros: Ein Großteil der Energie während des Transports wird eher für die übermäßige Verpackung der Produkte verschwendet als für die Produkte selbst. Auch wenn Sie nur recycelbar verpackte Ware kaufen, wird Energie für den Transport der Verpackung und noch zusätzliche Energie für die Entsorgung benötigt. Wenn Sie bei sich zu Hause über genügend Stauraum verfügen, kaufen Sie die größtmöglichen Packungen aller Produkte, die Sie benötigen, und füllen sie dann portionsweise in wiederverwertbare Behälter um. Wenn Sie nicht so viel Platz haben, könnten Sie sich die Ware und die Kosten mit Freunden teilen. Für Singles ist eine größere Menge schnell verderblicher Lebensmittel natürlich nicht geeignet, aber Haushaltsartikel wie Seife, Shampoo, Spülmittel usw. sind lange haltbar.

2. Kaufen Sie nach Möglichkeit regional, saisonal und biologisch: Unterstützen Sie die Landwirtschaft Ihrer Region und die Kleinerzeuger durch den Kauf saisonaler einheimischer Produkte. Unterziehen Sie Ihren Küchenschrank einer Inventur und finden Sie heraus, wie weit die Reise war, die jedes einzelne Lebensmittel hinter sich hat. Wenn Sie regionale Erzeuger ausfindig machen können, die diese Produkte genauso gut – oder sogar noch besser – herstellen, machen Sie Ihre Einkäufe lieber bei ihnen. Niemand will Ihnen verbieten, Kaffee zu trinken oder Reis zu essen, obwohl beide nicht innerhalb des besagten Umkreises von 160 Kilometern angebaut werden. Tun Sie einfach nur, was möglich ist. Versuchen Sie auch, die konventionellen Produkte, die Sie normalerweise kaufen, durch Produkte aus nachhaltiger Erzeugung oder kontrolliert biologischem Anbau zu ersetzen. Aber selbst wenn Sie nur das eine oder andere ändern: Jede Kleinigkeit zählt.

3. Sagen Sie nein zu der Frage „Papier oder Plastik?“: Nehmen Sie zum Einkaufen eine Tasche, einen Korb oder einen dieser praktischen Trolleys mit, die man überall auf den Pariser Straßenmärkten sieht. Warum sollte man seine Einkäufe in scheußlichen Papiertüten oder hässlichen, durchhängenden Plastikbeuteln nach Hause tragen, wenn man das auch in einer schicken Tasche oder einem coolen Korb tun kann? Mutter Erde und die britischen Modeberaterinnen Trinny & Susannah werden es Ihnen danken.

4. Trinken Sie Leitungswasser: Wasserflaschen aus Plastik nehmen auf Mülldeponien ungemein viel Platz ein – und bleiben wahrscheinlich für immer dort. Warum den Plastikberg vergrößern, wenn man absolut einwandfreies Wasser aus dem heimischen Hahn trinken kann? Und das Beste daran ist, dass es fast nichts kostet. Falls Sie eine starke Abneigung gegen den zeitweise auftretenden Chlorgeschmack haben, besorgen Sie sich einen Wasserfilter, den Sie auf Ihren Wasserhahn montieren können. Ich habe im vergangenen Jahr einen gekauft, seither ist er ständig in Gebrauch. Ich glaube kaum, dass ich mein gefiltertes Wasser von dem aus der Plastikflasche am Geschmack unterscheiden könnte.

5. Arbeiten Sie freiwillig einen Tag auf einem Biohof: Mit den Händen in der Erde zu arbeiten und sich mit der Herkunft Ihrer Nahrungsmittel vertraut zu machen, schenkt Ihnen einen Einblick in den Wachstumsprozess der Pflanzen und bewirkt, dass Sie mit viel mehr Respekt an die Dinge herangehen, die Sie verzehren. Sie könnten sogar eine der „Selbstpflück-Plantagen" aufsuchen und eigenhändig ein paar Kilogramm Beeren ernten. Eine solche Erfahrung könnte dazu führen, dass Sie Naturprodukte künftig mehr schätzen und weniger verschwenden. Vielleicht werden Sie sogar ein besserer Koch.

6. Kochen Sie einmal in der Woche eine Kühlschrank-Suppe: Versuchen Sie, eine Mahlzeit ausschließlich aus den Dingen zu zaubern, die Sie im Kühlschrank haben. Es muss nicht unbedingt eine Suppe sein, alles ist erlaubt, das zum Verbrauch der Lebensmittel beiträgt, die schon wieder fast zu lange in Ihrem Kühlschrank herumliegen. Zum Beispiel das Bund Basilikum, das Sie letzte Woche extra für ein Pastagericht gekauft haben. Oder der traurig aussehende, leicht welke Salatkopf, von dem Sie vor einigen Tagen nur ein paar Blätter gebraucht haben. Kochen Sie nur mit dem, was da ist – laufen Sie nicht zum Laden an der Ecke für ein Bund Petersilie oder einen halben Liter Milch. Improvisieren Sie, ganz ohne Rezept. Auf diese Weise schlagen Sie zwei Fliegen mit einer Klappe: Sie verbessern Ihre Kochinstinkte und tragen Ihren Teil zum Kampf gegen die ungeheure Verschwendung von Lebensmitteln auf der Welt bei.

7. Verwenden Sie umweltfreundlichere Reinigungsmittel in Ihrer Küche: Wer will schon all diese angsteinflößenden Chemikalien in der Nähe seiner Nahrungsmittel haben? Schalten Sie um auf umweltfreundlich und kaufen Sie biologisch abbaubare Reiniger. Wenn Sie Zeit und Lust haben, können Sie sich sogar selber einen mixen: Ganz normaler Essig und Natron reinigen so ziemlich alles, was in der Küche geputzt werden muss.

8. Verwenden Sie Tücher anstatt Papier: Ich habe von heute auf morgen aufgehört, Küchenkrepp zu kaufen. Auf dem papierlosen Trip bin ich noch nicht lange. Ich gebe zu, es ist nicht ganz leicht, aber den Versuch ist es wert. Benutzen Sie Stoffservietten zum Essen, Sie tun damit nicht nur Mutter Erde einen Gefallen, sondern verleihen Ihren Mahlzeiten einen Hauch Eleganz.

9. Ziehen Sie die Stecker Ihrer Haushaltsgeräte heraus: Toaster, Kaffeemaschine, Wasserkocher, Mixer, vielleicht eine Küchenmaschine – was steht noch auf Ihrer Arbeitsplatte und ist ständig angeschlossen? Auch ausgeschaltet verbrauchen die Geräte noch Strom. Ziehen Sie die Stecker heraus.

10. Helfen Sie hungernden Menschen: Wenn Sie dieses Buch in Ihren Händen halten, gehören Sie zu den glücklichen Menschen, für die Essen nicht bloße Nahrung, sondern auch Genuss bedeutet. Demnach wäre es angebracht, wenigstens ab und zu an diejenigen zu denken, die an unserem Luxus nicht teilhaben. Hunger ist weltweit immer noch ein reales und aktuelles Problem. Wenn Sie die Möglichkeit haben, tragen Sie Ihr Scherflein bei. Viele Organisationen bemühen sich ständig, Lösungen für den Hunger auf der Welt zu finden, darunter auch das Welternährungsprogramm der Vereinten Nationen. Um diese lobenswerte Initiative zu unterstützen, starte ich jedes Jahr auf meinem Blog eine Sammelaktion mit dem Namen Menu for Hope. Sie können direkt spenden unter http://wfp.org oder jedes Jahr im Dezember über mein Menu for Hope bei Chez Pim. Wenn Sie keine „Almosen" geben möchten, können Sie Mikrokreditgeber bei Kiva werden (einer Organisation, die Menschen ermöglicht, Geld über das Internet an Kleinbetriebe in Entwicklungsländern zu verleihen) und Projekte im Bereich der Nahrungsmittelerzeugung fördern. Besuchen Sie http://kiva.org und suchen Sie nach entsprechenden Projekten, Kiva wird Sie an einen Kleinunternehmer in einem Entwicklungsland weiterleiten, der ein Darlehen dringend benötigt.

Helfen Sie, ändern Sie etwas, das Sie ändern können. Heute noch. Machen Sie sich selbst oder Ihrem Gott ein Versprechen und verpflichten Sie sich, etwas zu ändern. Ganz gleich, was. Kaufen Sie sich eine coole Tasche für Ihre nächste Einkaufstour. Oder suchen Sie sich etwas anderes aus. Etwas, das Sie auf der Stelle ändern können und es auch wirklich tun. Es spielt keine Rolle, wie groß oder wie klein dieses Etwas ist. Aber tun Sie's. Warum nicht gleich jetzt?

Kochen Sie Ihre Kindheitserinnerungen

„Ich erinnere mich noch an den Duft, der durch das Haus strömte, wenn meine Großmutter im Sommer ihre Konfitüre aus weißen Pfirsichen kochte", sagte Alain Passard, während er auf einem wohlriechenden Stück getrockneten weißen Pfirsichs von einer Plantage kaute, die wir zuvor besucht hatten. „Köstlich", murmelte er – ob er damit seine kleine Nascherei meinte oder ob es die Erinnerung an die Konfitüre seiner Großmutter war, kann ich nicht mit Bestimmtheit sagen. Er wirkte so selig-versonnen, dass ich ihn nicht mit einer Frage aufschrecken wollte. Es war ein herrlicher Nachmittag. Nach einem leichten Mittagessen mit ein paar Freunden lagen wir im Garten und ließen uns von der kalifornischen Sonne bescheinen. Ich hatte etwas aufgetischt, das aus meiner fernen Kindheit stammt: *Kanom Jeen Nam-Prik,* ein traditionelles thailändisches Gericht aus fermentierten Reisnudeln und einer milden Currysauce mit Garnelen und Kokosmilch.

Kochen, meinte Alain, während wir faulenzend dalagen und die sanfte Brise genossen, soll etwas in einem wachrufen. Für manche Menschen, zu denen auch wir gehören, ist Kochen eine nie enden wollende Reise in die Geschmackswelt unserer Kindheit. Alain spricht oft mit seiner Großmutter Louise, die sein Leben und seine Arbeit nachhaltig beeinflusst hat und auf die viele Gerichte zurückgehen, die heute in seinem Pariser Drei-Sterne-Restaurant „L'Arpège" serviert werden. *„Recette de ma grand-mère"* (Rezept meiner Großmutter), sagt er dann mit unverhohlenem Stolz. Bei mir war es mein Großvater Khunta, der meinen Geschmack und meine Liebe zu gutem Essen geprägt hat.

Ein traditionelles Thai-Gericht aus meiner Kindheit zu kochen, ist für mich der kürzeste Weg zurück in jene trägen Sommertage auf der Veranda meines Großvaters. Die besten Köche erzählen mit ihren Kreationen Geschichten, sei es ein Ausflug in die Vergangenheit oder der abenteuerliche Versuch, Neuland zu erobern. Wenn man lernt, seine eigene Geschichte, seine Kindheitserinnerungen nachzukochen, befindet man sich auf dem besten Weg, ein bekennender Foodie zu werden. Lassen Sie Ihre Erinnerungen aufleben und tauchen Sie dabei tiefer in die Welt der Lebensmittel ein. Das wird Ihre Kochkünste verbessern und in der Küche keine Langeweile aufkommen lassen.

In meiner Foodie-Geschichte geht es mir darum, die Gegenwart mit einzubeziehen. Wenn ich Thai-Gerichte in Kalifornien zubereite, versuche ich, mit einheimischen Produkten mich den Geschmacksnoten zu nähern, an die ich mich erinnere. Ich mag keine konservierten Zutaten in Dosen verwenden, nur um mich sklavisch an ein Rezept zu halten. Das soll nicht heißen, dass ich gegen konservierte oder tiefgekühlte Kokosmilch bin, denn deren Aromen sind durchaus noch vorhanden. Aber wenn es um empfindlichere Zutaten geht, halte ich mich lieber an den Geist der Speise als präzise an die einzelnen Angaben.

Auf diese Weise habe ich das Rezept für eines meiner Lieblingsgerichte neu zusammengestellt: für *Kanom Jeen Nam-Prik*. Die Liste der Zutaten für das Curry ist lang, viele sind nur schwer zu finden. Für die saure, fruchtige Komponente wird *Ra-gum* verlangt, eine seltene Frucht, deren englischen Namen ich nicht einmal kenne, oder *Bai Thong Laang,* ein bitteres Blatt, das durch Backteig gezogen und frittiert als würzige Beilage gereicht wird, oder geriebene grüne Mango, um nur einige zu nennen. Hier in Kalifornien ersetze ich *Ra-gum* durch saure Pflaumen im Sommer und durch einen Granny-Smith-Apfel im Winter. Die Currysauce basiert eigentlich auf köstlichen Süßwassergarnelen. Ich nehme oft die sehr schmackhaften *Spot Prawns,* die nachhaltig vor der kalifornischen Küste bei Monterey gefischt werden. Anstatt des *Bai Thong Laang* verwende ich Spinat oder Rucola aus meinem Garten. In Teig ausgebacken bilden sie die knusprige, leicht bittere Komponente, die die cremige Sauce hervorragend ergänzt. Dann füge ich noch meine persönliche Note hinzu: *Shiso (Perilla frutescens),* ein aromatisch duftendes Würzkraut.

Mit diesen Veränderungen habe ich einem alten thailändischen Gericht eine kalifornische Prägung gegeben, wobei allerdings der Geist des Rezeptes gewahrt bleibt. An jenem Mittag habe ich als Dessert ein einfaches *Loy Gaew* serviert, mit Zitrusfrüchten aus einer einheimischen Plantage, die in eisgekühltem Ingwersirup schwammen (Rezept siehe Seite 140). Selbst der französische Meisterkoch war beeindruckt. Ich habe ihn dabei erwischt, wie er den letzten Rest Sirup direkt aus der Schüssel trank. „Du könntest ein Restaurant aufmachen, Pim", sagte Alain und sah kurz von seinem Teller hoch, um mir zuzuzwinkern. Ich lächelte zurück. Mein Khunta wäre stolz auf mich gewesen.

Kanom Jeen Nam-Prik

Reisnudeln mit Garnelen in Nam-Prik-Sauce

Klassische Beilagen zu diesem Thai-Gericht sind in Teig ausgebackene Gemüse, blanchierte, in dünne Streifen geschnittene Flügelbohnen, gestiftelte grüne Mango oder Papaya und Schalottenringe, Knoblauch und getrocknete Chilischoten aus der Friteuse. Das mag entmutigend klingen, aber keine der Beilagen ist ein Muss. Die Nam-Prik-Sauce schmeckt auch allein gut zu Nudeln oder auch zu Reis, aber erst die Beilagen mit ihren verschiedenen Texturen und Aromen machen etwas ganz Besonderes daraus. Servieren Sie sie auf einer separaten Platte, so dass Ihre Gäste bei Tisch nach Lust und Laune kombinieren können.

In Thailand verwenden wir *Kanom Jeen,* lange dünne Nudeln aus fermentiertem Reisteig, aber Sie können stattdessen ohne Weiteres getrocknete japanische Tomoshiraga-Nudeln nehmen. Sie werden in allen gut sortierten Asia-Läden angeboten und können auch per Internet bestellt werden. Eine mögliche Alternative wären auch vietnamesische Bun-Xio-Nudeln aus Ihrem lokalen China-Markt.

FÜR VIER PERSONEN (ODER MEHR, WENN DAS GERICHT TEIL EINES MEHRGÄNGIGEN MENÜS IST)

SAUCE

540 ml Kokosmilch, aus der Dose
150 g | ¾ cup Mungbohnen (getrocknet)
25 g | ½ cup (dicht gefüllt) Kokosraspel,
75 g | ½ cup geröstete Erdnüsse, ungesalzen
4 EL Pflanzenöl
1½ EL Chilipulver
700 g Garnelen
4 EL Palmzucker
etwa 6 EL Fischsauce (Nam Pla)
Saft von 1 Limette

PASTE

2 mittelgroße Schalotten
2 große Knoblauchzehen
1 Stück Galgant, etwa 1 cm lang
1 TL grobkörniges Salz

BEILAGEN

Für den Teig:
150 g | 1 cup Reismehl
25 g | ¼ cup einfaches Weizenmehl
1 TL Backpulver
1½ TL Salz
1 TL Zucker
225 ml | 1 cup Sprudelwasser
ausreichend Öl, um eine Bratpfanne 5 cm hoch zu füllen

Öl zum Ausbacken der durch den Teig gezogenen Gemüse (ich nehme Rapsöl, aber jedes andere geschmacksneutrale Öl mit hohem Rauchpunkt ist geeignet)
2 lose Blätter von grünem Blattgemüse wie Spinat oder Rucola
1 kleiner Granny-Smith-Apfel, geschält und gestiftelt
1 Handvoll grüne Bohnen, gekocht und in kleine Röllchen geschnitten
4–5 Knoblauchzehen
4–5 kleine Schalotten
1 kleine Handvoll getrocknete Chilischoten
500 g (oder mehr) thailändische Kanom-Jeen-Nudeln, japanische Tomoshiraga-Nudeln oder vietnamesische Bun-Xio-Nudeln

Von dem cremigen Teil der Kokosmilch 120 Milliliter / ½ *cup* abschöpfen und beiseitestellen. Die restliche Milch in einen mittelgroßen Topf gießen. Mit 400 Milliliter / etwa 2 *cups* Wasser auffüllen. Die Mischung sprudelnd aufkochen, die Hitze herunterschalten, die Mungbohnen dazugeben und sanft köcheln lassen.

In der Zwischenzeit den Wok auf geringer bis mittlerer Hitze heiß werden lassen, die Kokosraspel hineingeben und 3–5 Minuten kräftig rühren, bis sie braun werden (man muss unaufhörlich rühren, da die Raspel sonst anbrennen). Auf einen Teller geben und beiseitestellen.

Für die Paste Schalotten, Knoblauchzehen und Galgant anrösten. Kocht man auf Gas, kann man sie auf lange Grillspieße stecken und über der offenen Flamme drehen, bis sie rundherum schwarz sind. Andernfalls kann man sie 10 Minuten in den auf 230 °C vorgeheizten Backofen geben. Nach dem Abkühlen schälen und die geschwärzte Haut entsorgen. Fein hacken und in einem Mörser mit dem Salz zu einer feinen Paste zerreiben. In eine kleine Schale füllen und beiseitestellen.

In demselben Mörser die Erdnüsse für die Nam-Prik-Sauce in Stücke zerstoßen, die etwas größer sein sollen als die Mungbohnen. Einige größere Stücke stören nicht. Auf keinen Fall zu Erdnussbutter zerreiben. Die zerstoßenen Nüsse beiseitestellen.

Den Wok von den Resten der Kokosraspel befreien und erneut auf den Herd stellen. Vier Esslöffel Öl darin erhitzen, die Schalotten-Knoblauch-Galgant-Paste hineingeben und 1–2 Minuten kräftig rühren, bis sie stark duftet. Die abgeschöpfte Kokoscreme hinzufügen. Creme und Paste unter häufigem Rühren kochen, bis sich etwas Öl aus der Mischung löst. 3–5 Minuten weiter kochen, bis noch mehr Öl austritt. Das Chilipulver dazugeben, zunächst nur zwei Teelöffel (man kann nachwürzen). 30 Sekunden gut umrühren und ausschalten.

Ein Drittel der Garnelen separat beiseitestellen. Die restlichen Garnelen in den Topf geben, in dem die Mungbohnen köcheln. Die gegarte Chilipaste hinzufügen und gut verrühren. Die zerstoßenen Erdnüsse und die gerösteten Kokosflocken dazugeben und wieder zum Köcheln bringen. Den Herd ausschalten und mit einem Stabmixer den Topfinhalt zu einer groben Sauce zerkleinern, keinesfalls zu einem feinen Püree. (Sie können auch Ihren Standmixer verwenden, aber pürieren Sie in kleinen Portionen, damit Sie sich nicht verbrennen.)

Die beiseitegestellten Garnelen hinzufügen und mit Palmzucker und Fischsauce würzen. Schmecken Sie sorgfältig ab, die verschiedenen Marken Palmzucker sind unterschiedlich süß und die Fischsaucen unterschiedlich stark. Die Nam-Prik-Sauce soll im ersten Eindruck leicht süß, dann salzig schmecken. Wichtig ist, dass beide Komponenten gleichermaßen deutlich spürbar sind, die Sauce wird schließlich nicht gelöffelt, sondern mit den geschmacksarmen Nudeln vermischt. Eventuell muss mit Fischsauce und/oder Palmzucker nachgewürzt werden.

Die Sauce vom Herd nehmen und den Limettensaft hinzufügen. Ist die Sauce nicht sauer genug, ein wenig mehr Saft dazugeben. Ist die Sauce zu sauer, etwas Fischsauce und Zucker hinzufügen (hier kann problemlos weißer Haushaltszucker verwendet werden). Die Mischung soll süß, sauer und salzig schmecken und zum Schluss noch einen Hauch Schärfe haben. (Bis zu diesem Punkt kann die Nam-Prik-Sauce am Vortag vorbereitet werden. Sie verliert dann etwas von ihrer zitronigen Frische, deshalb nach dem Erhitzen und unmittelbar vor dem Auftragen etwas Limettensaft dazugeben, mit den restlichen Kokosraspeln bestreuen und kurz durchrühren).

Jetzt die Beilagen zubereiten, falls welche serviert werden sollen. Für den Backteig alle Zutaten in einer mittelgroßen Schüssel vermischen. Etwa zwei Drittel des Sprudelwassers angießen und mit dem Schneebesen kräftig einarbeiten. Der Teig soll die Konsistenz einer dickflüssigen Creme haben, aber nicht so fest wie Joghurt sein. Das restliche Wasser, wenn nötig, dazugeben. Die angegebene Menge Wasser reicht eventuell nicht aus, könnte aber auch zu reichlich bemessen sein.

Zum Ausbacken das Öl etwa fünf Zenitmeter hoch in eine Schwenkpfanne oder einen Wok gießen. Je mehr Öl verwendet wird, desto höher ist die Ausbacktemperatur. Das Öl auf starker Hitze sehr heiß werden lassen. Zum Überprüfen etwas Teig hineintröpfeln. Wenn die Teigflocken gleich an die Oberfläche steigen und brutzeln, hat das Öl die richtige Temperatur. Andernfalls noch weiter erhitzen; das Öl muss heiß genug sein, sonst wird alles lasch und fettdurchtränkt.

Die Blätter in den Teig tauchen und vorsichtig in das heiße Öl gleiten lassen. Es ist wichtig, nur wenige Teile gleichzeitig auszubacken, da sonst die Temperatur zu weit absinkt. Die Blätter auf beiden Seiten goldbraun werden lassen. Herausnehmen und bis zum Servieren auf einer mit einem Geschirrtuch (kein Frottee) oder Küchenkrepp ausgelegten Platte ein paar Minuten abtropfen lassen.

Der leicht bittere Geschmack der Blätter und der knusprig gebackene Teig geben dem Gericht eine zusätzliche Note. Ich schneide auch gerne ein paar Schalotten und Knoblauchzehen der Länge nach in dünne Streifen und brate sie braun und knusprig. Man sollte sie nicht zusammen in das Öl geben, denn sie haben unterschiedliche Garzeiten. Wenn Sie den Geschmack frittierter Knoblauch- und Schalottenstreifen nicht mögen, lassen Sie diesen Punkt aus.

Bevor Sie das Öl entsorgen, frittieren Sie noch schnell eine Handvoll kleine getrocknete Chilischoten, nur ganz kurz, bis sich die Schoten aufblähen und leicht verfärben. Sie geben dem Gericht einen gewissen Kick, wenn man sie darüber zerkrümelt. Servieren Sie sie separat,

damit jeder Tischgast die Möglichkeit hat, die Schärfe seines Essens selbst zu bestimmen.

Anstatt einer grünen Mango oder Papaya können Sie einen gestiftelten Granny-Smith-Apfel anbieten, der dem Gericht zusätzlich eine säuerlich-frische Note verleiht. Sie können auch eine Handvoll grüne Bohnen kochen und in kleine Röllchen geschnitten dazu servieren.

Jetzt werden die Nudeln gekocht. In einem mittelgroßen Topf Wasser auf starker Hitze aufkochen. Die Nudeln in das Wasser geben und in 1–2 Minuten bissfest kochen, kurz abtropfen lassen und sofort auftragen.

Bei Tisch füllt jeder Gast eine Portion Nudeln in seine Schale, gibt Nam-Prik-Sauce darüber und fügt die Beilagen seiner Wahl hinzu. Das Gericht sollte auf traditionelle thailändische Weise verspeist werden: Mit der Gabel schiebt man das Essen auf den Löffel, von dem gegessen wird.

Brot selber backen – was denn sonst?

Was der New Yorker Bäcker Jim Lahey und der Kochbuchautor und Kolumnist Mark Bittman in der kulinarischen Welt gemeinsam ausgelöst haben, lässt sich in das Vor-Brot-ohne-Kneten-Zeitalter und das Nach-Brot-ohne-Kneten-Zeitalter einteilen. Als Mark Bittman das Rezept in der *New York Times* veröffentlichte, sorgte das für eine Sensation. Hobbyköche, die sich niemals an ein Hefebrot herangewagt hätten, rührten plötzlich in einem klebrigen Teig, ließen ihren kostbaren Le-Creuset-Bräter glühend heiß werden, was der Deckelknopf in der Regel nicht überlebte, und all das nur für ein himmlisch großporiges Brot mit einer herrlich knusprigen Kruste wie vom Bäcker an der Ecke in Paris.

Falls Sie noch nicht von dem durchschlagenden Effekt des wahrhaft revolutionären Rezeptes überzeugt sind, gebe ich Folgendes zu bedenken: Wenn Sie bei Google den Begriff „no-knead bread“ (knetfreies Brot) eingeben, kommen Sie auf mehr als 100 000 Links, „no-knead“ erreicht noch einmal ein gutes Drittel mehr. Der Deckelknopf der Le-Creuset-Bräter ist nur hitzefest bis 190 °C, während das Rezept 230–260 °C vorschreibt. Es wurden derart viele Deckelknöpfe ruiniert, dass die Ersatzteile vorübergehend ausverkauft waren. Die Lage war so ernst, dass selbst Outlets für Kochgeschirr das mysteriöse Verschwinden der Knöpfe von ihren ausgestellten Le-Creuset-Töpfen beklagten. Der Brot-ohne-Kneten-Trend hatte unschuldige Hobbyköche in Kleinkriminelle verwandelt!

Ich habe eine Weile gebraucht, bis ich auf den fahrenden Zug aufgesprungen bin. Zunächst hat mich die Methode nicht überzeugt. Mein Pariser Freund David Lebovitz hat das Rezept ausprobiert und das Resultat war alles andere als zufriedenstellend, obwohl es perfekt aussah. Kurz gesagt war es eine Art Hollywood-Brot: Viel Glanz und Glamour, aber keine Seele! Doch dann habe ich meine Meinung geändert.

Eine Kolumne des bekannten Gastrokritikers Jeffrey Steingarten in der *Vogue* erregte meine Aufmerksamkeit. Ich kenne nur wenige Foodies mit einer vergleichbaren Detailversessenheit, wenn es um Dinge geht, die er gerne isst. Ich las seinen Artikel und dachte mir, wenn es gut genug für Jeffrey ist, sollte ich einen Versuch wagen.

Also habe ich mich an mein erstes Brot herangewagt und mich dabei exakt an Jeffreys Angaben gehalten. Es gibt ein paar Unterschiede zwischen seinem Rezept und dem Original, das in der *New York Times* veröffentlicht wurde. Jeffrey nimmt mehr Salz und mehr Hefe und backt sein Brot in einem heißeren Ofen, bei 260 °C anstatt bei 230 °C. Außerdem gibt er bestimmte Marken für Mehl und Hefe an, die immerhin zwei Drittel der Hauptzutaten für das Brot ausmachen. Etwas anderes hätte ich von ihm aber auch nicht erwartet.

Das Resultat? Ein voller Erfolg mit einer unregelmäßigen Porung, einer herrlich knusprigen Kruste und einem erstaunlich formstabilen Laib, trotz der anfänglich klebrigen, unansehnlichen Teigmasse. Die Unterseite war leicht verbrannt, aber das habe ich als kleines Missgeschick einer Anfängerin verbucht. Ich hätte mir nie träumen lassen, dass ich einmal selbst ein Brot backen würde.

Das Problem? Kein Aroma! Das Brot schmeckte neutral, trotz seiner wunderbaren Textur und Struktur. Es war zugegebenermaßen besser als so gut wie alles, was ich in den sogenannten Bäckereien um die Ecke kaufen konnte. (Das ist allerdings kein großes Kompliment, weil ich diesen ersten Laib in meiner Küche in Santa Cruz gebacken habe, einer Stadt, in der man beklagenswerterweise nicht einmal ein halbwegs anständiges Brot bekommen kann.)

Also habe ich weiterhin knetfreies Brot für meinen eigenen Bedarf gebacken, solange ich in Santa Cruz lebte. Aber kaum war ich nach San Francisco gezogen, lief ich schnurstracks zur Bäckerei „Tartine“, um ab 16 Uhr für frisches Brot anzustehen, oder stürzte mich samstags ins Gedränge vor Edmund Webers „Della Fattoria“ oder ging an einem beliebigen Wochentag zu „Bay Bread“ im Stadtteil Pacific Heights oder zu „Acme“ an der Ferry Plaza. In der Zwischenzeit habe ich mit dem Rezept herumexperimentiert und nach einer Möglichkeit gesucht, meinen fantastischen knetfreien Broten etwas mehr Geschmack zu geben.

Auf Kräuter, Trockenfrüchte, Oliven oder ähnliche Geschmacksträger habe ich bewusst verzichtet. Ich wollte dem Brot seinen eigenen Geschmack geben und nicht den schlichten hausgemachten Laib mit so etwas wie kulinarischem Zierrat aufmotzen.

Ich habe sogar ein Brot in psychedelischem Violett gebacken. Im „Fifth Floor", Laurent Manriques Restaurant mit Spezialitäten aus der Gascogne, hatte ich *Pain au vin* gegessen. Das war so großartig, dass ich mir vornahm, es zu Hause nachzubacken und das Standardrezept für knetfreies Brot entsprechend abzuändern. Ich habe fast das ganze Wasser durch Rotwein ersetzt, den ich allerdings vorher aufgekocht hatte, um den Alkohol weitgehend zu verdampfen. Das Resultat schmeckte nicht schlecht, allerdings hatte das Brot eine so kräftig violette Farbe, dass es nicht wirklich appetitanregend aussah.

Mein Freund Robert Schonfeld, ein begeisterter Hobbybäcker, machte den Vorschlag, die Hefe durch einen Sauerteigansatz zu ersetzen. Ich war zunächst etwas skeptisch, weil alles, was ich in Büchern und im Internet über die Pflege eines Sauerteigstarters gelesen hatte, mich eher abschreckte. All das Kalkulieren und tägliche Füttern und Nachprüfen, ob sich das Volumen auch tatsächlich verdoppelt, und so weiter machte auf mich einen ziemlich komplizierten Eindruck. Einer der größten Vorteile des knetfreien Brotes ist schließlich, dass es kaum Mühe macht und man den Teig jederzeit schnell zusammenrühren kann. Allein der Aufwand, den Starter am Leben zu halten, würde diesen Vorteil schließlich zunichtemachen.

Dennoch hat mich der Gedanke, es mit einem Starter zu versuchen, nicht mehr losgelassen. Als ich einmal in einem meiner Lieblingsstammlokale, dem „La Posta“ in Santa Cruz, zu Abend aß, kam Chris Avila, der Chef, auf einen Schwatz an meinen Tisch. Chris hatte vor Jahren für David Kinch im „Manresa“ in der Küche gearbeitet, daher kannte ich ihn gut. Chris backt das Brot für sein Restaurant selbst und hält in seinem begehbaren Kühlschrank einen 20 Jahre alten blubbernden Starter. Netterweise bot er mir an, mir etwas davon für meine Experimente mitzugeben, was ich dankbar annahm.

So nahm ich einen Teil der lebendigen Kulturen mit nach Hause. Das Ergebnis verschiedener Versuche mit mehreren Mehlsorten ist ein einfaches Rezept aus 100 Gramm Starter, 100 Gramm Hartweizenmehl und 100 Gramm Wasser. Ich bewahre meinen Starter im Kühlschrank auf und füttere ihn nur ein paar Mal in der Woche. Dazu nehme ich 100 Gramm ab (der Rest wird weggeworfen) und mische 100 Gramm Hartweizenmehl und 100 Milliliter Wasser sorgfältig darunter. Den frisch gefütterten Starter lasse ich ein paar Stunden in der Küche stehen, damit er wachsen kann, ehe er zurück in den Kühlschrank kommt.

Achten Sie darauf, den Starter an dem Tag zu füttern, an dem Sie Brot backen möchten. Er braucht etwa 8 Stunden, um wieder ganz lebendig und bereit für den Teig zu sein. Im Normalfall backe ich mein Brot morgens. Also füttere ich auch den Starter am Morgen, damit ich den Teig anrühren kann, bevor ich zu Bett gehe, der knetfreie Teig muss ja 10–12 Stunden ruhen, ehe er in den Backofen kommt. Wenn Sie Ihr Brot lieber abends backen, füttern Sie auch Ihren Starter am Abend, dann können Sie den Teig am Morgen anrühren und etwa zur Abendessenszeit in den Ofen schieben. Das ist wirklich viel einfacher, als es sich anhört, man muss nur den für sich gewählten Zeitplan einhalten.

Robert half mir, die Mengenangaben aus dem „knetfreien“ Originalrezept mit Hefe dem Sauerteigstarter anzupassen, den ich jetzt immer in Vorrat habe. Ich habe einige Mehlmischungen ausprobiert; am besten schmeckt mir die Kombination aus Dinkel, Gerste und Weizenvollkornmehl. Daraus entsteht ein absolut köstliches rustikales Brot, leicht säuerlich, nicht zu fest und mit einer angenehmen nussigen Note.

400 g Mehlmischung, zum Beispiel:
180 g weißes Hartweizenmehl
80 g Dinkelmehl
80 g Gerstenmehl
60 g Weizenvollkornmehl
2 TL grobkörniges Salz (etwa 10 g)

225 g Starter
225 g Wasser (richtig gelesen: Wasser abwiegen!)
1 EL Honig

BENÖTIGTES MATERIAL: *1 runder ofenfester Kochtopf (5,4 Liter) mit Deckel*

Die Mehlmischung in eine große Rührschüssel geben. Sie können die von mir vorgeschlagene Mischung nehmen oder Ihre eigene zusammenstellen, aber ich empfehle Ihnen, die angegebene Menge für das Hartweizenmehl nicht zu verändern, die restliche Menge können Sie unter den Mehlsorten aufteilen, die dem Brot die von Ihnen gewünschten Aromen geben. Für meinen Geschmack wird das Brot zu fest, wenn man weniger Hartweizenmehl verwendet. (Sollten Sie allerdings genau das lieber mögen, nehmen Sie eben weniger). Das Salz zu der Mehlmischung geben und gut vermischen. Den Starter, Wasser und Honig hinzufügen. Alles gut verrühren, bis ein feuchter, grober Teigklumpen entstanden ist. Die Schüssel mit Klarsichtfolie abdecken und an einem zugluftfreien Ort mindestens 12 Stunden ruhen lassen.

Den Teig aus der Schüssel schaben, auf eine großzügig bemehlte Arbeitsfläche kippen und zu einem länglichen Rechteck ziehen. Von einer Schmalseite ausgehend ein Drittel des Teiges zur Mitte hin umschlagen und die entgegengesetzte Seite darüberklappen. Das Teigpaket um 90 Grad drehen, ausziehen und noch einmal auf die gleiche Weise zusammenfalten. Den gefalteten Teig mit der Nahtstelle nach unten auf die Arbeitsfläche legen. Mit einem Geschirrtuch und einer umgedrehten Schüssel abdecken, damit eine feuchter, geschlossener Raum entsteht. Den Teig etwa 2 Stunden gehen lassen.

Nach 90 Minuten den Topf, in dem das Brot backen soll, in den Ofen stellen und auf 230 °C vorheizen. Wenn die Küche sehr kühl ist, den ruhenden Teig oben auf den aufheizenden Backofen stellen, durch die Wärme geht er noch besser auf.

Ist der Teig 2 Stunden gegangen und der Backofen vorgeheizt, zwei feuerfeste Handschuhe überstreifen und den glühenden Topf aus dem Ofen heben. Der Teig sollte jetzt stabil genug sein, um ihn mit den Händen hochheben zu können. Mit der Nahtstelle nach oben in den Topf geben, den Deckel auflegen und in den Ofen schieben.

Das Brot im geschlossenen Topf 30 Minuten backen, dann den Deckel entfernen und 15–25 Minuten weiterbacken, bis sich eine goldbraune Kruste gebildet hat. Das Brot aus dem Topf stürzen oder mit zwei Holzlöffeln herausheben und auf einem Gitter auskühlen lassen. Dabei sollte die Kruste knistern.

Epilog

Irgendwie sind wir nun am Ende des Buches angelangt, aber, selbst auf die Gefahr hin, dass ich schrecklich klischeehaft klinge, das ist erst der Anfang. Wir haben gemeinsam damit begonnen, unsere Liebe zum Essen neu zu entdecken. Unterwegs waren wir damit beschäftigt, in Restaurants zu essen, am heimischen Herd zu kochen, unsere Sorgen bei einem guten Tropfen zu vergessen und haben dabei viel Spaß gehabt. Das hier ist kein übliches Kochbuch. Einige Rezepte sind die Einfachheit selbst, andere ähneln eher dem sieben Seiten langen Kapitel über ein perfektes Pad Thai. Aber ist das nicht wie im richtigen Leben? Manches Mal ist es leicht, ein anderes Mal etwas schwieriger. So oder so, die Hauptsache ist, dass wir viel Spaß miteinander haben.

Ich wollte keineswegs einen ultimativen Führer für Foodies schreiben, daher das in Klammern gesetzte „fast" im Untertitel. Wie sollte er auch endgültig sein, wenn doch jeder Tag ein neues Kapitel in meinem Foodie-Dasein schreibt. Es gibt noch so viele Weine zu entdecken, Bücher und Blogs zu lesen, Gerichte kochen zu lernen und, natürlich, Restaurants auszuprobieren. Vor Kurzem schenkte mir meine Freundin Annisa Helou bei einer Abendeinladung ein handgemachtes Sieb zum Dämpfen von Couscous, und die sehr großzügige Paula Wolfert versprach, mir beizubringen, wie man ihn mit den Händen zu Kügelchen rollt. Ich werde Paula schon bald an ihr Versprechen erinnern. In diesem Buch ist zwar nicht mehr genug Platz für diese neue Erfahrung, aber ich werde Ihnen bestimmt in meinem Blog „Chez Pim" darüber berichten.

Auch in Ihrem Foodie-Leben schlägt sicherlich jeder Tag ein neues Kapitel auf: das neue Restaurant, das Sie besuchen möchten; der neue Blog, den Sie gerade mit Ihrem RSS-Reader abonniert haben; das neu erschienene Buch von Jay Raynor, dem britischen, oder Jeffrey Steingarten, dem amerikanischen Gastrokritiker, das Sie lesen wollen. Ach ja, und das etwas entmutigende Pad-Thai-Rezept aus diesem Buch, das Sie dennoch bald probieren sollten. Guten Appetit!

Wie ich sehe, haben auch Sie ein Glas Wein in der Hand – lassen Sie uns auf unser Foodie-Leben anstoßen. *Salut!*

Canon
EOS 20D
CANON ZOOM LENS
EF-S 17-85mm

Verzeichnis der Rezepte

Register

Unser Verlagsprogramm finden Sie unter
www.christian-verlag.de

Übersetzung aus dem Englischen: Sibylle Segovia
Textredaktion: Silvia Rehder
Korrektur: Petra Tröger
Satz: Studio Fink, Krailling
Umschlaggestaltung: Caroline Daphne Georgiadis, Daphne Design

Die Originalausgabe mit dem Titel *The Foodie Handbook* wurde erstmals 2009 von Conran Octopus Limited, Teil der Octopus Publishing Group Ltd, einem Unternehmen von Hachette Livre, London, veröffentlicht.

Die Deutsche Bibliothek – CIP Einheitsaufnahme
Ein Titeldatensatz für diese Publikation ist bei der Deutschen Bibliothek erhältlich.

Printed by C & C Offset Printing Co.,Ltd. in China

ISBN 978-3-88472-942-7

Alle Angaben in diesem Werk wurden von der Autorin sorgfältig recherchiert und auf den aktuellen Stand gebracht sowie vom Verlag geprüft. Für die Richtigkeit der Angaben kann jedoch keinerlei Haftung übernommen werden. Für Hinweise und Anregungen sind wir jederzeit dankbar. Bitte richten Sie diese an:

Christian Verlag
Postfach 400209
80702 München
E-Mail: info@christian-verlag.de